Códice del Culto a Cristo

Los Secretos de las Religiones Abrahamicas

Dan Desmarques

22 Lions

Códice del Culto a Cristo: Los Secretos de las Religiones Abrahamicas

Escrito por Dan Desmarques

Índice

Introducción   VII

1. Capítulo 1: Abraham descodificado   1

2. Capítulo 2: Revelación   5

3. Capítulo 3: Se traspasa la ignorancia   9

4. Capítulo 4: Fe ciega   13

5. Capítulo 5: El despertar de la conciencia   19

6. Capítulo 6: Los saboteadores al descubierto   23

7. Capítulo 7: El engaño al descubierto   27

8. Capítulo 8: El Éxodo reexaminado   31

9. Capítulo 9: La lucha de la humanidad   37

10. Capítulo 10: El pecado y la salvación redefinidos   41

11. Capítulo 11: Trascender la culpa   47

12. Capítulo 12: Símbolos descodificados   51

13. Capítulo 13: El amanecer de la Nueva Era   55

14. Capítulo 14: La verdad manipulada   59

15. Capítulo 15: El Edén revelado   65

16. Capítulo 16: Las tinieblas que la gente acepta	69

17. Capítulo 17: El engaño desenmascarado	75

18. Capítulo 18: Se acerca la Ascensión	79

19. Capítulo 19: La civilización del chip	83

20. Capítulo 20: Secretos revelados	89

21. Capítulo 21: Poder y fe	93

22. Capítulo 22: La Trinidad desenmascarada	97

23. Capítulo 23: El cristianismo desenmascarado	103

24. Capítulo 24: Abraham engañado	109

25. Capítulo 25: Extraterrestres y orígenes	113

26. Capítulo 26: La crueldad de Dios	117

27. Capítulo 27: Tácticas al descubierto	123

28. Capítulo 28: Ascensión y esclavitud	127

29. Glosario	131

30. Solicitud de Reseña de Libro	137

31. Sobre el autor	139

32. También escrito por el autor	141

33. Acerca del editor	151

Introducción

Códice del Culto a Cristo es una exploración exhaustiva de las verdades ocultas y las tácticas manipuladoras incrustadas en las religiones abrahámicas, con especial atención al cristianismo. El objetivo de este libro es exponer las capas de engaño y control que han moldeado las creencias y prácticas religiosas durante siglos y han influido en las vidas de miles de millones de personas en todo el mundo.

Al embarcarse en este viaje, encontrará un examen crítico de los fundamentos de las religiones abrahámicas, interpretaciones históricas y contemporáneas de figuras y acontecimientos importantes, así como el profundo impacto que estas creencias han tenido en la sociedad. Explorará los orígenes de las ideologías monoteístas, el papel de la interferencia extraterrestre en la configuración de las narrativas religiosas y las tácticas manipuladoras utilizadas por las instituciones religiosas para mantener el control sobre sus seguidores.

«Códice del Culto a Cristo» pretende empoderar a los lectores, proporcionándoles los conocimientos y herramientas necesarios para cuestionar y desafiar dogmas que durante mucho tiempo han sido aceptados sin cuestionarlos. Al romper el velo de la ignorancia y descubrir los engaños que impregnan las enseñanzas religiosas, podemos empezar a despertar nuestra conciencia y recorrer el camino de la verdadera iluminación y liberación espiritual.

Este libro no es un mero ejercicio académico, sino una llamada a la acción. Anima a los lectores a pensar de forma crítica, a cuestionar la autoridad y a buscar la verdad más allá de los límites de la doctrina religiosa. Al comprender los contextos históricos y contemporáneos de las creencias religiosas, podremos navegar mejor por la complejidad de nuestro mundo y trabajar por una sociedad más justa y compasiva. Explora el lado oscuro de la fe y el poder, los secretos ocultos de las instituciones religiosas y el potencial de ascensión más allá del culto a Cristo. Con este libro, podrá descubrir la verdad y recorrer un nuevo camino hacia el despertar espiritual y la liberación.

Capítulo 1: Abraham descodificado

Las religiones abrahámicas son practicadas hoy en día por unos 4000 millones de personas, lo que equivale aproximadamente a la mitad de la población mundial. Esto significa que muchos de nuestros valores, elecciones y pensamientos están condicionados por lo que predican estas religiones. Sin embargo, pocos se atreven a cuestionar su validez, a pesar de que han perpetuado conflictos, genocidios y la erradicación de innumerables civilizaciones durante miles de años, todo ello en nombre de una deidad.

Aquellos con una conciencia superior verán la verdad y la encontrarán liberadora, mientras que los que sigan atrapados en la seducción de las religiones abrahámicas permanecerán en la oscuridad. Muchos profetas nos han advertido sobre las mentiras que nos alejan de la verdad. La humanidad ha sido engañada y manipulada en nombre de una falsedad cuyas consecuencias afectan a la configuración del mundo.

Como raza planetaria, solo podremos seguir evolucionando si nos educamos y dejamos de crear guerras que nunca están justificadas cuando se promueven en nombre de un dios falso. Aunque la verdad puede resultar chocante, también revelará mucho sobre nuestra naturaleza oculta y nos liberará espiritualmente. Con el tiempo, esta liberación de los grilletes del dogma permitirá una mayor y más evolucionada conciencia planetaria.

Los seres humanos siempre han necesitado un profeta o gurú que les conectara con lo divino. En algunos casos, estos profetas eran considerados la reencarnación de Dios. Cristo no fue la primera figura en ser vista de esta manera. Sin embargo, las distorsiones y malentendidos que se han acumulado en torno a las enseñanzas de Jesús son tan grandes que hoy en día pocos pueden comprenderle de verdad. El tipo de cristianismo que se ha popularizado está más en consonancia con los antiguos valores romanos y las opiniones políticas que con las palabras de Jesús. Esto se pone de manifiesto en una conversación entre Cristo y Judas, en la que Jesús le dice (según el Evangelio de Judas): «Levanta los ojos y mira la nube, la luz que hay en ella y las estrellas que la rodean. La estrella que guía el camino es tu estrella».

Con esta frase, Jesús se presenta como maestro de la conciencia colectiva, presente en todo el universo. No era el único en expresar estas ideas, sino un representante de esta conciencia manifestada en muchas otras galaxias y planetas. Sin embargo, como suele ocurrir con los líderes populares, sus palabras fueron posteriormente distorsionadas para reforzar agendas diseñadas para manipular a las masas. Tras estas palabras, vemos que Judas «alzó los ojos y vio la nube brillante, y entró en ella».

Hay abundantes pruebas de contacto extraterrestre en las interacciones entre Jesús y los ángeles. Sin embargo, muchos cristianos insisten en describir a los ángeles como seres alados, una representación lineal utilizada para explicar la existencia de personas de otros planetas. Aunque hoy en día muchos cristianos se burlan de la posibilidad de que sus ángeles sean simplemente personas de otros planetas, aquí tenemos una referencia a Jesús y Judas uniéndose a los ángeles en una nave espacial y viajando por el universo en busca de sabiduría. Entonces, ¿por qué Judas lo traicionaría? No lo traicionó. Jesús veía el cuerpo como un obstáculo para su ascensión. Intentaba escapar de la muerte hasta que hubiera completado su obra en la Tierra, y su muerte sería bienvenida cuando eso sucediera. El mismo Evangelio nos lo muestra cuando Jesús le dice a Judas: «Sacrificarás al que me vista».

Con la ayuda de Judas, la muerte de Jesús liberaría su espíritu para unirse a la hermandad de la que procedía. Jesús era una semilla estelar y un avatar. Fue uno de los muchos que han venido a la Tierra a lo largo de la historia, especialmente en los últimos años, para compartir las enseñanzas de civilizaciones avanzadas. Las enseñanzas de Jesús son coherentes con las de otros que, como él, trataron de representar al colectivo en niveles superiores de existencia. Cuando comparamos estas enseñanzas con muchas otras enraizadas en la misma verdad de la conciencia galáctica, vemos que hablan de lo mismo, aunque estén muy alejadas de la comprensión de las masas, incluso miles de años después.

Hay tres tipos de apariciones asociadas a los ángeles: extraterrestres de naturaleza benigna o malévola, almas de personas fallecidas y manifestaciones artificiales estimuladas por la hipnosis o el uso de drogas. No existen otros tipos de ángeles, excepto los de estos grupos. Por lo tanto, cuando la gente afirma ver ángeles, como se muestra en los folletos cristianos, probablemente se trate de ángeles del tercer tipo, que pueden ser creados por el primer grupo o incluso por la tecnología terrestre.

Los grupos terrestres o extraterrestres también pueden utilizar drogas para lograr sus objetivos mediante alucinaciones inducidas. El Libro del Apocalipsis, que tiene un efecto tan tormentoso en la psique de muchos cristianos, es un ejemplo de texto escrito por un hombre bajo la influencia de drogas alucinógenas extraterrestres.

Capítulo 2: Revelación

En Apocalipsis 10:8-11, Juan nos dice: «La voz que oí del cielo me habló otra vez, diciendo: "Ve y toma el pequeño rollo que está abierto en la mano del ángel que está sobre el mar y sobre la tierra. Fui a ver al ángel y le dije: "Dame el librito. Él me dijo: "Tómalo y cómetelo, porque te amargará el vientre, pero en tu boca será dulce como la miel". Así que lo tomé de la mano del ángel y lo comí, y en mi boca era dulce como la miel; pero después de haberlo comido, se me amargó el vientre.

Este pasaje describe cómo Juan es drogado antes de recibir imágenes apocalípticas. Estas visiones no guardaban relación con los hechos, sino que eran simples fotografías o dibujos creados artificialmente que alguien podría crear hoy en día en un ordenador. No debemos suponer que la gente de entonces fuera a notar la diferencia. Si hoy es fácil engañar a la gente con inteligencia artificial, sin duda habría sido más fácil en una época en la que la tecnología no estaba disponible. De hecho, si John hubiera visto una película apocalíptica en la televisión, la habría tomado por real, porque no tenían ni idea de lo que era un televisor.

Las películas son tan realistas que a la mayoría de la gente del mundo actual le cuesta distinguir la realidad de la ficción. Esta falta de discernimiento se debe a la predisposición natural de la psique humana hacia la fantasía. La religión se construyó sobre la ignorancia de muchos y se aprovechó de esta predisposición mental porque favorecía el control de unos pocos. Muchos otros fueron incapaces de hacer lo mismo y, por tanto, fueron segregados en los reinos del ocultismo, como si las religiones abrahámicas fueran de algún modo más verdaderas que las demás.

Si alguna vez hubo una religión verdadera en el mundo, sin duda fue una que procedía directamente de los dioses. Me refiero a la religión egipcia, de la que derivan todas las corrientes del ocultismo, como los rosacruces, los masones y la wicca. Todo lo demás fue creado para engañar a las masas, que se dejan engañar por los cuentos de hadas y las historias imaginarias. Sin embargo, los cuentos de hadas evolucionan con el tiempo y las religiones abrahámicas son una fantasía más elaborada, eficaz y compleja.

No es posible conseguir que la gente acepte una religión cuyos significados abstractos están demasiado alejados de sus limitadas mentes mundanas. La religión debe estar a la altura de su potencial intelectual. Por eso se han perdido tantas verdades a lo largo del tiempo; no interesaban a muchos o les afectaban negativamente. Quienes las proclamaban eran perseguidos, ridiculizados y asesinados. Y nada ha cambiado desde entonces; decir la verdad sigue estando sujeto a amenazas, insultos y asesinatos.

Si utilizo mis propios libros como ejemplo para evaluar estas afirmaciones, veremos lo mismo. La mayoría de la gente no entiende estos libros o piensa que me los estoy inventando, que no estoy iluminado o que sé más que aquellos a los que adoran, como si su ego fuera el soberano de la verdad. Muchos de mis conocidos me dicen incluso que no parezco un escritor, lo cual es muy interesante, ya que he publicado cientos de libros y tengo más de cien bestsellers en Amazon, muchos de ellos números uno. Sin embargo, piensan que los hechos no significan nada en comparación con sus estereotipos. Si la realidad no es real, salvo a través del filtro de las masas, ¿qué podemos decir de la religión?

La gente quiere meter todo el universo en una canica que pueda meter en el bolsillo y llamarla suya. Su ego es tan grande que no pueden entender nada más que a sí mismos. Entonces llaman verdad a sus mentiras y desprecian la verdad como si fuera mentira. Entonces, ¿por qué es tan difícil entender que los extraterrestres están más interesados en estudiar nuestra ignorancia que en comunicarse con nosotros? Les interesa estudiar nuestra estupidez porque no hay mucha gente en la Tierra con el cerebro suficiente para tomar decisiones relevantes y eficaces para la sociedad en su conjunto. Sin embargo, ningún líder puede hacer más de lo que la gente está dispuesta a aceptar y entender. De hecho, la sociedad nunca apoya a estos individuos, ni siquiera cuando aparecen en público. En cambio, la gente elige a los líderes que cumplen sus expectativas. Si pudiera elegir mi profesión, obviamente no podría ser escritor.

La inmensa mayoría de la gente no tiene la capacidad de ver la realidad y la verdad en su totalidad, y esto es lo que caracteriza a la iluminación: la capacidad de ver las cosas tal y como son. Cuando la gente se aparta de la realidad para permanecer en su propia burbuja y no puede enfrentarse a los hechos repugnantes que ocurren en la mente de los demás, no puede alcanzar la iluminación. Muchos querrían leer las mentes de los demás, pero se deprimirían al saber lo que hay en ellas. Muchos dirían que no todo el mundo es así y que hay mucha gente buena en el mundo, pero, aunque eso fuera cierto, no se cultiva un campo entero de patatas para sacar una buena de entre todas las podridas.

Capítulo 3: Se traspasa la ignorancia

En los últimos años, han salido a la luz muchas verdades. En las últimas décadas, hemos sido bendecidos con una enorme riqueza de información, mucha de ella procedente de descubrimientos arqueológicos y de la recuperación de libros perdidos. A pesar de ello, todavía hay muchos mentirosos en el mundo que tienen mucho poder para asegurarse de que la gente no tenga acceso a lo que se ha descubierto. El problema de la información contradictoria es que confunde aún más a quienes tienen una forma dualista de analizar la realidad. Como no entienden lo que es contradictorio, no pueden pensar por sí mismos, debido a su propia pobreza intelectual, construida sobre un sistema educativo que adoctrina, segrega y discrimina a quienes piensan de forma independiente.

La mayoría de la población carece de discernimiento, de potencial analítico y de la valentía necesaria para ser diferente, y sin esto no pueden ver la verdad que tienen delante. Cuando conocen a alguien como yo, piensan que miento y que todo lo que han oído antes es la verdad. Debido a la mentalidad dual de las masas, necesitan considerar las piezas como un todo y elegir un bando, porque no pueden analizar nada que les provoque disonancia cognitiva. Los psicópatas de este planeta lo saben y por eso destruyen la credibilidad de cualquier información nueva promoviendo esta disonancia.

Por ejemplo, cuando se propuso la ivermectina como cura para el coronavirus, los codiciosos, temerosos de perder los beneficios obtenidos de la ignorancia de las masas, se apresuraron a afirmar que no había pruebas científicas de su eficacia y que era más adecuada para tratar a los caballos. Así consiguieron destruir fácilmente la credibilidad de este remedio barato, eficaz y premiado, aumentando la disonancia cognitiva de las masas.

El problema de la ignorancia es que se protege reforzando el ego. El ignorante siempre fusiona su personalidad con su propia ignorancia. Y cuando esta ignorancia se ve amenazada, la defienden como si se tratara de una guerra por la supervivencia. En este estado mental, muchos se vuelven violentos, incluso cuando la violencia no está justificada. En el pasado, la gente luchaba para proteger su vida; ahora, luchan todo el tiempo para ser estúpidos e inmaduros.

Los profetas que vinieron a la Tierra querían disolver esta estupidez, pero ¿qué hicieron las masas? Se reunieron en pequeños grupos donde podían cultivar y mantener sus fantasías como un cuerpo impenetrable de creencias llamado religión. El verdadero problema de la religión es que, por muy abiertos que digan ser sus miembros, cuando se demuestran sus errores, se ridiculiza, insulta y condena al ostracismo a quien lo hace. Son tan abiertos que te conviertes en lo suficientemente estúpido como para no hacer preguntas que no pueden responder. Esa es la medida de su empatía.

Sería como conocer a un psicópata y esperar que fuera amable. El psicópata solo será amable si hay consecuencias para su comportamiento. De hecho, es solo el miedo al castigo lo que mantiene a la sociedad bajo la aparente ilusión del orden. Si de repente los cajeros automáticos dejaran de escupir dinero y la policía y el ejército desaparecieran al mismo tiempo, seríamos testigos del caos más brutal de la historia. Las personas como yo estamos en este planeta para garantizar que la conciencia se eleve a un nivel en el que esto no pueda suceder, pero aún queda un largo camino por recorrer antes de alcanzar este estado.

Solo hay una verdad y hay muchas formas de alcanzarla, igual que hay muchas formas de decir las mismas palabras en diferentes idiomas. En cada idioma encontramos significados y estructuras de frases diferentes, pero la intención puede seguir siendo la misma, al igual que ocurre con la verdad. Quienes dicen la verdad siempre han dicho lo mismo, aunque según las lenguas y el nivel de comprensión de su época. Por eso, es natural tener dificultades para comprender el pasado. Las palabras se utilizaban según el significado que tenían para la gente de aquella época.

Cuando hablamos de conciencia, también nos referimos a conceptos como claridad de comprensión, aplicación e intención. Estos tres elementos deben estar presentes para que la conciencia se manifieste, ya que trasciende el tiempo, la lengua y las diferencias culturales. Cuando estos elementos no están presentes, el resultado es el estado hipnótico adictivo que la gente obtiene de las religiones que sigue. La razón por la que la religión se concibe y se presenta como una droga para quienes buscan una adicción a su demencia es precisamente esta falta de claridad.

Por supuesto, no se puede esperar que personas con esta actitud encuentren claridad, y mucho menos conciencia. Por eso la religión se construye en torno al dogma, aunque el problema no es tanto el dogma como la actitud de los seguidores. No se puede debatir los discursos de Platón con alguien drogado con heroína, como tampoco se puede hacer con un seguidor de las religiones abrahámicas.

Capítulo 4: Fe ciega

Una vez conocí a un devoto seguidor del hinduismo en las calles de Europa. Estaba ansioso por vender el Bhagavad Gita, un libro que yo había leído más de cinco veces. Cuando se lo conté, me miró con incredulidad. Ni siquiera me hizo caso cuando le dije que había escrito sobre él. Estaba tan embriagado con su religión que no podía escuchar a nadie que afirmara haberle explicado su libro favorito. Me dijo que llevaba toda la vida buscando respuestas y que había leído muchos libros, pero que no prestaba atención a mis comentarios sobre el tema. ¿Qué le pasa? Está cegado por sus propias ilusiones. Está cegado por su propia convicción. Las respuestas que busca no están tan lejos.

A menudo, la gente olvida que aquellos a quienes quieren enseñar pueden ser sus maestros más sabios. Si las respuestas le llegaron a través de una persona que pasaba por la calle donde quiere vender su libro, pero él no pudo verla e insistió en venderme un libro que ya había leído muchas veces, entonces no hay esperanza para él. Podría decir que este hombre es un ignorante, pero la falta de conciencia es la ignorancia manifestada por un alma en tinieblas. Es la mente la que ciega al individuo ante lo evidente. Lo mismo ocurre con quienes tienen libros pero no comprenden su significado. Debe haber claridad para que la mente alcance la conciencia, y esta claridad avanza con el tiempo y el conocimiento, a medida que las culturas se vuelven más complejas.

Para que la complejidad de los significados evolucione junto con las culturas del mundo, la comunicación debe evolucionar en paralelo. Esto no significa que la comunicación deba hacerse más relativa, como erróneamente suponen muchos estudiosos, sino más precisa y mecánica. Las palabras son como piezas de una máquina que deben integrarse con la mente humana para crear una especie de simbiosis en la que el significado proyectado se refleja perfectamente en la mente que lo recibe. Por lo tanto, esta verdad solo puede ser transmitida por alguien que también pueda recibir un reflejo de lo Alto, un ser que haya sido iluminado y despertado por la luz que ha entrado en su mente después de que su personalidad haya sido destrozada.

Irónicamente, los más preparados para recibir esta verdad no son los que nunca se han enfrentado a sí mismos, sino los que se han visto obligados a reconstruir su personalidad muchas veces a través de experiencias traumáticas. Quizá a quienes sufren depresión no les parezca, pero el trauma es el precursor de la iluminación. Hay que romperse para aprender a reconstruirse.

Aunque los medios de comunicación evolucionan junto con nuestra comprensión del mundo —y no debemos confundir la capacidad de hablar y escuchar con la de comprender, que varía mucho de una persona a otra—, la verdad permanece constante a lo largo del tiempo como un estado superior de conciencia. Esta visión nos muestra hoy lo que se veía hace miles de años entre los sacerdotes más experimentados. Las diferencias aparentes se manifiestan a través de interpretaciones, agendas políticas e interferencias de formas superiores de inteligencia o vida extraterrestre que trataban de manipular a la humanidad a través de las lagunas que se manifestaban en la oscuridad de las masas.

Estas lagunas se encontraban en varios niveles: la debilidad espiritual y la tendencia a embotar los sentidos a través de drogas de varios tipos, como el alcohol; el espectro de luz invisible, mucho más amplio de lo que el ojo puede ver; y el sistema de creencias de las masas, que es fácilmente moldeable y manipulable a través del control de varios segmentos de la sociedad. Sin embargo, es en este último ámbito donde encontramos el arma más eficaz de control de masas e hipnosis, porque es más fácil controlar a las masas dividiéndolas en diferentes religiones que intentando que sigan una sola. Este es el mismo principio que las corporaciones Nestlé, Bayer, Unilever, Johnson & Johnson, Procter & Gamble, Danone y muchas otras utilizan para controlar las marcas farmacéuticas y alimentarias. Las empresas de medios sociales utilizan el mismo principio para controlar las elecciones de los consumidores y mantener ese control a pesar de las elecciones individuales.

La verdad no tiene nada que ver con la fe, la filosofía, la opinión o la religión, pero a menudo se confunde con ellas porque detrás de estas y otras muchas manifestaciones egoístas del mundo moderno se esconden intereses codiciosos. De hecho, no es de extrañar que las marcas intenten atraer a los consumidores con los mismos principios que las religiones han utilizado durante milenios, como la promesa de salvación a través del consumo. Tomemos el ejemplo de Coca-Cola: sus campañas publicitarias clásicas promueven la unidad y la armonía, mensajes muy similares a los religiosos de paz y unión. Apple es conocida por utilizar imágenes y lenguaje religiosos en su publicidad. Los evangelistas de la marca predican el evangelio de Steve Jobs y los usuarios suelen ser vistos como discípulos. La devoción a la marca se parece a una religión.

En el sector de la alimentación y los medicamentos, muchos han sido sorprendidos promocionando medicamentos para las mismas enfermedades causadas por sus propios productos. Nestlé, por ejemplo, ha sido criticada por comercializar preparados para lactantes de forma que desincentivan la lactancia materna, lo que causa problemas de salud en los bebés, mientras ofrece «soluciones» a través de sus otros productos. Del mismo modo, PepsiCo, propietaria de Pepsi y Frito-Lay, ha sido acusada de promover estilos de vida poco saludables a través de sus bebidas azucaradas y aperitivos, contribuyendo a la obesidad y problemas de salud relacionados, mientras que ofrece productos como Quaker Oats, que se comercializan como alternativas más saludables. En el sector farmacéutico, Johnson & Johnson se ha enfrentado a demandas en las que se alega que sus productos de polvos de talco contienen amianto, que puede causar cáncer, mientras que, al mismo tiempo, produce medicamentos para tratar la enfermedad.

Las empresas de medios sociales, como Facebook, utilizan algoritmos para controlar la información que ven los usuarios, creando cámaras de eco que refuerzan las creencias existentes y manipulan las opiniones. Esto es similar a la forma en que las instituciones religiosas controlan las narrativas para mantener su influencia. Facebook, por ejemplo, ha sido criticado por permitir la difusión de información errónea y contenidos divisivos que pueden polarizar a los usuarios y hacerlos más susceptibles a la manipulación. Sin embargo, el peor error que puede cometer una persona es rendirse y aceptar que la verdad es relativa. Es habitual que la gente haga esto precisamente porque es más fácil rendirse y abandonar que luchar contra tantos intereses poderosos y las masas descerebradas.

Sin embargo, no puedes dejar de ver lo que ya has visto, especialmente si no naciste para ser un esclavo descerebrado. A medida que despiertas y te vuelves más consciente, puedes ver cosas que no puedes dejar de ver, a menos que estés dispuesto a volver a una etapa anterior de desarrollo. Por eso creo que, aunque ninguna religión puede ser aceptada, todas deben ser estudiadas, porque puedes entrar en un estado de confusión absoluta cuando pasas por los estados mentales inducidos que resultan de los mecanismos de cada religión, pero también descubres verdades más transversales cuando comparas diferentes formas de presentar la misma información.

Creo que la tecnología nos está ayudando a alcanzar esta fase más rápidamente, ya que las numerosas mentiras de las religiones abrahámicas son cada vez más evidentes y fáciles de detectar. Sin embargo, esta tecnología no sería posible sin las mentes que la crearon, lo que significa que la gente se cuestiona más sus creencias, pero también es más manipulable que nunca. Esto crea la ilusión de saber mucho, pero en realidad no saber nada. Por eso mucha gente hoy en día está llena de certezas absolutas sobre cosas que no son más que mentiras. La abundancia de información repetida y manipulada crea esta ilusión a gran escala.

Mientras tanto, ninguno de los principales modelos de inteligencia artificial disponibles en la actualidad me permitió editar este manuscrito, precisamente porque es tan controvertido y se opone a la narrativa dominante que se le dice a la gente que crea. Esto significa que, aunque la tecnología puede ayudar a la civilización, también manipulará la dirección que tome, según las decisiones de quienes detentan el poder.

Capítulo 5: El despertar de la conciencia

Solo vemos lo que estamos dispuestos a ver, lo que significa que las masas aún no están preparadas para asimilar las respuestas a las muchas preguntas que se hacen. Aumentamos nuestra capacidad de enfrentarnos y observar la realidad a medida que adquirimos más conocimientos y experiencia. Para aumentar nuestra capacidad de experimentar, necesitamos vivir más intensamente, dormir menos e interactuar más con los ignorantes del mundo sin permitir que nos afecten y nos quiten nuestro sentido interior de propósito, porque las masas están controladas por fuerzas que van más allá de su conciencia.

Cuanto más avances en consciencia, más intentará la sociedad detenerte y arrastrarte al nivel de consciencia de las masas, porque esa es la naturaleza vibracional de la realidad en el planeta. Esta conciencia superior solo puede alcanzarse de forma natural si vivimos lo suficiente y adquirimos una determinación natural, construida a base de años de resistencia y experiencia directa con el mundo. Esta es una de las razones por las que tanta gente quiere

"

vivir más años. Si pudiéramos vivir 500 años, muchas de las cosas que he dicho serían fáciles de ver. La historia se entendería como es, no como se cuenta, y la mayoría de los libros no serían necesarios para entender el mundo, porque lo que está escrito se consideraría de sentido común.

El propósito del conocimiento es pensar mejor y el pensamiento bien preparado lleva a una conciencia más elevada que nos ayuda a obtener percepciones. Sin embargo, esto solo ocurre con el verdadero conocimiento, que solo puede adquirirse mediante un adecuado proceso analítico y metacognitivo de la realidad percibida. Y, puesto que cuanto más vemos, menos necesitamos saber, existe una correlación directa entre la ilustración, la educación, la conciencia de la naturaleza del mundo y la capacidad de afrontar las duras realidades de la vida. El secreto de la comprensión superior permanece oculto para la población porque no está en lo que recibimos, sino en nuestra capacidad para procesarlo a través de los mecanismos de nuestra alma: nuestra capacidad para cuestionar nuestros propios resultados, creencias y habilidades analíticas.

Estas habilidades, si se desarrollan, surgen tarde en la vida y en contextos específicos, como al escribir una tesis. Pero para entonces, la mente del sujeto ha sido tan dañada por los modelos doctrinales que la disertación acaba reflejando las mismas expectativas que el sistema necesita para mantenerse. Muchas cosas que se consideran verdaderas son mentiras bien formuladas. Por eso, cualquiera puede alcanzar un nivel de comprensión superior al de los mejores académicos. De hecho, algunos de los mayores genios de la historia no eran académicos.

Es a través del discernimiento adecuado como uno distingue, aísla y encuentra la verdad, por lo que cualquiera que practique estas habilidades a diario puede alcanzarla de verdad. El propósito de gran parte de lo que dijeron el Buda y otros iluminados como él era enseñarnos a controlar la mente para alcanzar estas comprensiones, y no utilizarla para escapar de la realidad. Así, mediante la acción y la interacción, quienes se han preparado para reconocer y asimilar los estados mentales bajos de los demás pueden vivir en sociedad sin verse afectados por ellos. Sin embargo, cuando digo que no se ven afectados, no me refiero a ignorar o aislar nuestros pensamientos o a suprimir nuestra conciencia, sino a pasar más rápidamente por nuestros recuerdos y emociones dolorosas que la gente corriente para volver más rápidamente a nuestro estado original.

No se trata de sufrir ni de negar el sufrimiento, sino de atravesarlo con eficacia y valentía, y de reconstruirnos con cada ruptura de la confianza en nosotros mismos. Solemos admirar la capacidad de recuperación y reconstrucción de las máquinas y los sistemas informáticos, sin darnos cuenta de que admiramos nuestra propia capacidad de recuperación tras una avería. Pero ahora que lo entiendes, es obvio que quienes dicen que más conocimiento te dejará perdido son idiotas y no deberían ser escuchados ni tenidos en cuenta para nada. Muchos de estos profesores son universitarios, lo que dice mucho sobre el verdadero propósito de su trabajo.

Cuando alguien que se supone que debe enseñarte dice que saber demasiado es malo, está intentando manipularte o engañarte con la ignorancia de tu propia ignorancia. Estas personas son muy hábiles para explicar su propia estupidez, pero esta enseñanza no tiene nada que ver con el amor, el respeto y la libertad, sino con la esclavitud. Aunque el mundo necesita más educación, lo que se produce en el sistema educativo moderno no tiene nada que ver con ello. El tipo de educación que la gente necesita rara vez es producida por sus iguales. Es difícil encontrar las respuestas que uno necesita en quienes dicen tenerlas. Por eso, el progreso espiritual, con todo el conocimiento necesario para la autoconciencia, nos lleva por un camino solitario.

Capítulo 6: Los saboteadores al descubierto

Siempre que te encuentres con una religión que afirma querer educarte, ten cuidado, porque has encontrado a tu enemigo en un grupo de personas. Los peores enemigos a los que debes temer no son aquellos que amenazan tu vida, ya que son fáciles de detectar, sino aquellos que intentan acceder a tu corazón y a tu alma para luego envenenarte desde dentro. Están presentes en la mayoría de las religiones del mundo, pero aún más en las que atraen a las masas.

A las masas nunca les interesan las organizaciones religiosas que las exponen tal como son y les enseñan responsabilidad y autocrítica. De hecho, dudo que encuentres una con estas cualidades, porque sencillamente no atrae a casi nadie. Una religión que desalienta las máscaras, reales o imaginarias, entre sus seguidores será siempre una de las menos populares. Lo que la gente realmente busca en la religión es un alivio espiritual, una escapatoria del infierno, no un cambio real. Así que no cambian, distorsionan las verdades que encuentran y acaban reencarnándose para hacer las mismas cosas que hacían antes, con todas las consecuencias.

Según he observado, un gran problema de los individuos malvados es que se vuelven más listos. A medida que el mundo evoluciona y se vuelve más complejo, así como cambian los métodos de comunicación, el mal encuentra más alternativas para ejercer su control y destrucción. Ante tanta diversidad, la mayoría no estamos preparados para hacer frente a los ataques del mundo invisible. Solo en las últimas décadas hemos empezado a identificar y comprender a narcisistas, psicópatas y sociópatas, aunque siempre han estado entre nosotros. Prácticamente toda nuestra historia ha estado marcada por estas criaturas que conspiran en la oscuridad y promueven las peores atrocidades contra una población crédula.

Los verdaderos demonios caminan entre nosotros con sonrisas alegres e incluso hablan por televisión y dicen a todo el mundo lo que tiene que hacer, porque la gente sigue siendo demasiado estúpida para verlos como lo que realmente son. Por tanto, no es de extrañar que Bill Gates diga que la solución al problema de la superpoblación es una mejor atención sanitaria y la vacunación, pero sí lo es que miles de personas aplauden y confíen en semejante locura. Sería como si yo dijera que la solución a tu dolor de cabeza es que un camión te aplaste el cráneo y tú aplaudieras la idea. Así de estúpidos son estos simios no evolucionados con aspecto humano que pueblan la Tierra.

He conocido a muchas personas malvadas que están poseídas por demonios y que se han convertido en terapeutas y médicos holísticos. Fingen ayudar a los demás, pero en realidad están destruyendo a la gente en nombre de la ayuda, porque es fácil engañarlos. La gente es demasiado estúpida para saber la diferencia, especialmente cuando está desesperada. Muchas personas son tan ignorantes que basan sus juicios en emociones y estereotipos, y luego racionalizan lo que reciben basándose en lo que tienen en el cerebro. Cegados por el ego, no pueden aceptar su ignorancia, sino que la protegen. Explican las atrocidades y abusos del mundo basándose en su necesidad de ser aceptados como buenas personas.

Las masas están desesperadas, necesitan ayuda, un sentimiento de pertenencia y consuelo. Como resultado, en casos extremos, acuden a un terapeuta que les habla bonito, pero les hace aún más daño. Muchos están irreparablemente dañados física, mental y emocionalmente. Están tan destrozados que es imposible ayudarles, y de ahí vienen las crecientes estadísticas de suicidios. En mi opinión, esto se está volviendo demasiado común, pero pocos parecen ver las conexiones. No hay que preocuparse por magos, brujas o satanistas. Hay que preocuparse, y mucho, por los terapeutas y médicos que, amparándose en profesiones de ayuda, asesinan a personas, ya sea dándoles la medicina equivocada o incitándolas al suicidio.

A menudo he visto a médicos dar consejos que hacen morir a la gente más rápido. Esto es cada vez más frecuente hoy en día. De hecho, cuando se descubrió el coronavirus, pudimos ver cómo muchos podían mentir fácilmente para conservar su trabajo. Muchos médicos, enfermeras y virólogos mintieron al público sobre este virus y las curas porque no querían ir en contra de sus superiores. Muy pocos se atrevieron a ir en contra de la corriente dominante y decir la verdad, y los que lo hicieron fueron criticados, discriminados y, en muchos casos, perdieron su licencia para trabajar y sus cuentas en las redes sociales fueron eliminadas. Hablar de una de las verdaderas curas para este virus, la ivermectina, fue severamente censurado y castigado. Volvíamos a la Edad Media, a la caza de brujas y a la censura de la verdad. ¿Ves lo fácil que era?

La gente de hoy no es muy diferente de la del pasado. De hecho, son iguales. No han evolucionado lo suficiente. Las muertes por negligencia médica, ignorancia o lucro son mucho más frecuentes de lo que creemos. Muchos tampoco quieren creer que los hospitales hayan recibido primas por diagnosticar el coronavirus y prescribir determinados tratamientos. Sin embargo, esta situación no es nueva. Muchas personas han sido diagnosticadas erróneamente de cáncer y sometidas a quimioterapia con ánimo de lucro. Lo mismo ocurre con muchas cirugías innecesarias y medicamentos que no deberían recetarse, pero que enriquecen a las empresas farmacéuticas y a los médicos que los promueven.

El camino hacia la verdadera iluminación y el crecimiento espiritual está lleno de enemigos ocultos que buscan controlar y manipular. Es esencial permanecer vigilante y cuestionar los motivos de quienes afirman ofrecer ayuda y orientación. Solo mediante el pensamiento crítico y una comprensión profunda del mundo podremos navegar por el complejo panorama de la espiritualidad y evitar las trampas de quienes se aprovechan de nuestras vulnerabilidades.

Capítulo 7: El engaño al descubierto

Ojalá pudiera decir que todo es relativo, como a algunos les gustaría creer, pero no es así. El bien y el mal son muy reales. He observado cómo actúan estas fuerzas en grupos insospechados de la sociedad. Además de pretender ser invisibles, otra estrategia que utilizan estos demonios entre nosotros es crear confusión, y no hay mayor confusión que la promovida por la idea de superioridad moral a través de la distorsión de los acontecimientos históricos, sociales y culturales. La verdad sobre nuestra historia permanece oculta en casi todos los campos, por muy avanzada que esté la ciencia.

Si se conociera la verdad, el mundo entero tendría que remodelarse, reorganizarse y reajustarse, lo que significaría que muchas personas perderían su trabajo, muchos libros tendrían que reescribirse y muchos otros se desecharían por ser ideas obsoletas y falsedades. Sin embargo, cuando la mentira está muy extendida, es más fácil aceptarla y protegerla que aceptar la verdad. Muy pocas personas, a lo largo de la historia, han estado dispuestas a aceptar una verdad superior a la que les ha enseñado su sociedad.

Muchas personas, por ejemplo, creen que los dioses de Egipto y el Dios de Israel no son los mismos, pero esta suposición proviene de malas interpretaciones religiosas. Muchos libros religiosos son copias unos de otros y, en realidad, solo hay diferencias de opinión. En realidad, la gran diferencia entre nuestras interpretaciones religiosas solo se basa en las opiniones de aquellos que ahora son esqueletos, cenizas y polvo.

Muchas de las diferencias y divisiones de las religiones actuales podrían solucionarse fácilmente si analizáramos sus descripciones de un modo más integrador. Sin embargo, esto también significaría unirlas, lo que eliminaría la legitimidad de su separación y las pretensiones de superioridad de cada una sobre los demás grupos. En otras palabras, si las religiones se unieran, se destruirían mutuamente y perderían a sus seguidores fanáticos, pero no ocurre así. Es más fácil asesinar a estos seguidores que hacer que abandonen sus ideologías, y este ha sido de hecho el destino de muchos grupos religiosos, incluidos los que adoran al mismo Dios.

Es interesante observar cómo el Dios bíblico, por ejemplo, llevó a grupos de personas que supuestamente confiaban en él y le adoraban a un matadero, exterminando a poblaciones enteras, incluidas mujeres y niños. ¿Y por qué razón? Si los judíos eran esclavos de los egipcios y Moisés, que decía ser un líder inspirado por Dios y que, supuestamente, había sido criado por los egipcios, entonces fue educado en su religión. Los líderes de ambos grupos, conocidos colectivamente como Adonai, que significa «mis señores» o «amos», también interpretado en la Biblia como Elohim, como los que bajaron del cielo, no son dioses diferentes, sino un colectivo presentado como uno solo.

Entonces, ¿por qué iba a promover Moisés algo distinto de lo que había estudiado? ¡No promovió tal cosa! Moisés «aprendió toda la sabiduría de los egipcios» (Hechos 7:20-22) y, con la ayuda de los seres representados colectivamente como Jehová, comenzó a difundir una nueva ideología para producir mejores esclavos. Esta idea no iba dirigida contra los faraones egipcios, sino que fue planeada por los propios egipcios. El sumo sacerdote egipcio Manetón (c. 300 a.C.) afirma que Moisés recibió gran parte de su formación religiosa bajo el reinado de Akhenatón, el faraón pionero del monoteísmo.

Moisés sirvió como sumo sacerdote bajo Amenhotep IV y posteriormente fue elegido por los hebreos como su líder. Así, convenció a su pueblo de la ciencia y la filosofía que había recibido en los misterios egipcios y de la forma en que había sido instruido. En otras palabras, el dogma del «Dios Único» que enseñó era la interpretación egipcia de la Nueva Era. Los egipcios sabían y escribieron que sus «dioses» (y no un Dios) viajaban en «barcos voladores» a los cielos. También describieron a sus dioses en los primeros tiempos (y antes de los muchos mitos que los representaban como mitad hombre, mitad animal) como de carne y hueso, con las mismas necesidades de alimento y cobijo que los humanos. Incluso se construyeron casas para ellos en Egipto y estos hogares tenían sirvientes humanos que más tarde se convirtieron en los primeros sacerdotes del país.

Según el famoso historiador James Henry Breasted, los primeros servidores de los dioses egipcios eran laicos que desempeñaban sus funciones sin ceremonias ni rituales. Su trabajo consistía simplemente en proporcionar a los dioses las necesidades y lujos de un egipcio rico y de alto rango de la época: comida y bebida abundantes, ropas finas, música y baile. Los numerosos cambios observados en la religión egipcia estaban relacionados con el hecho de que estos gobernantes no eran bien vistos por el pueblo. Al Reino Antiguo (c. 2685-2180 a.C.) le sucedió un periodo de debilidad y agitación. La Gran Pirámide de Keops fue invadida por egipcios descontentos que, según el historiador Ahmed Fakhry, «odiaban tanto a los constructores de las pirámides que amenazaron con entrar en ellas y destruir las momias de los reyes».

Capítulo 8: El Éxodo reexaminado

Cuando consideramos los cambios realizados en la religión egipcia para crear la idea de un Dios todopoderoso e invisible con el fin de inspirar temor y obediencia, podemos cuestionar muchos aspectos de lo que se describe en la Biblia y en la fe judía. Sobre todo, porque muchos arqueólogos han descubierto que muchas de las historias que cuentan los judíos son falsas. El Dr. Zahi Hawass, exministro de Estado para las Antigüedades y arqueólogo egipcio, ha declarado que el Éxodo de Egipto «nunca ocurrió porque no existen pruebas históricas», una conclusión a la que también llegó el Dr. Mohamed Abdel-Maqsoud, que dirigió un equipo de arqueólogos en busca de tales pruebas.

Josh Mintz añade que «los registros egipcios no mencionan la repentina migración de casi una cuarta parte de la población ni se han encontrado pruebas de ninguno de los efectos esperados de tal éxodo, como crisis económicas o escasez de mano de obra». Además, no hay pruebas en Israel de una afluencia repentina de personas de otra cultura durante este periodo. No hubo un rápido abandono de la alfarería tradicional ni régistros o antecedentes de un aumento de la población» (Haaretz.com). Las religiones abrahámicas se basan en una recopilación de historias creadas para adoctrinar a un pueblo que olvidaría fácilmente el pasado y lo mantendría esclavizado en la ignorancia. Moisés intentó replicar las enseñanzas de los egipcios de forma más eficaz, en lugar de ir en contra de ellas.

Quizá hoy no olvidemos el pasado por la abundancia de descubrimientos arqueológicos y documentos que nos ayudan a analizar la verdad, pero elegimos olvidarlo en favor de nuestras fantasías religiosas. Entonces racionalizamos cosas que nunca sucedieron para que encajen en creencias ilusorias. Por eso permanece oculto tanto de lo que la humanidad podría saber. Demasiados intereses creados garantizan que la gente no conozca los hechos sobre su verdadero pasado religioso y que las masas no estén lo suficientemente despiertas como para cuestionar la veracidad de lo que reciben. Pero, si Moisés era un sumo sacerdote de los extraterrestres y estaba bajo el mando de Akhenatón, y no dirigió un éxodo como creen los historiadores, ¿qué ocurrió realmente?

Los egipcios, conscientes del bajo nivel de conciencia de las masas, desarrollaron el arte de ocultar significados tras símbolos y estructuras. Las religiones abrahámicas producen muchos de estos significados ocultos y, por lo tanto, no pueden considerarse hechos. Las primeras enseñanzas del judaísmo eran profundamente místicas y utilizaban muchos significados ocultos para explicar el ascenso espiritual, incluidos los interpretados en la Cábala judía para aquellos que podían entenderlos, mientras que los ocultaban tras el folclore para aquellos que no estaban preparados para verlos, produciendo así un método educativo bifurcado tanto para las clases bajas como para las altas. Lo mismo ocurre con la estrella de David de seis puntas, pues es un símbolo con significados secretos que existía mucho antes del judaísmo o del rey David. Por lo tanto, si las enseñanzas son las mismas y los dioses son los mismos, entonces solo se trata de perspectivas, significados o códigos secretos y agendas religiosas.

Prueba de ello es la esfera política, como cuando Salomón estableció vínculos entre los hebreos y los egipcios, convirtiéndose en consejero del faraón egipcio Shishak I y casándose con su hija. Durante su estancia en Egipto, Salomón también recibió instrucción en los misterios egipcios, razón por la cual permitió la adoración de otros dioses locales, como Baal, el principal dios masculino de los cananeos. Salomón sabía que las diversas interpretaciones de Dios se referían al mismo grupo de seres. Por tanto, es evidente que judíos y cristianos siguen la misma línea de engaño, es decir, siguen la misma división de interpretaciones entre fantasías para las masas y verdades egipcias para aquellos que pueden interpretarlas. Estas verdades se explican a través de los misterios secretos de los rosacruces, los masones y muchas otras organizaciones que trabajan en la sombra, al margen de los poderes políticos, las monarquías, las revoluciones y las guerras entre naciones.

Como un grupo necesita un enemigo común para justificar su existencia, cristianos, judíos y musulmanes siguen considerando que el Dios de los paganos y egipcios es Satanás, sin saber que, al igual que «el enemigo», Satanás es su propio Dios y que no hay diferencia entre su religión y aquellas a las que se oponen. Cuanto más creemos que existe un enemigo externo, más ignoramos al enemigo interno, que se manifiesta en forma de ignorancia. El miedo permite ocultar esta verdad a las mentes dogmáticas. Los francmasones, por su parte, afirman claramente que su Dios es una combinación de Adonay (el que vino del Cielo) y Satán (el «Enemigo»). Los francmasones han superado los malentendidos entre la mitología egipcia y los cuentos de hadas bíblicos al no tener miedo de aceptar las fuerzas duales que representan en el tablero de ajedrez de sus templos. Albert Pike, masón del rito escocés de grado 33 y autor de muchos libros sobre masonería, explicó esta dualidad diciendo: «Lo que debemos decir a las masas es que adoramos a un Dios, pero a un Dios adorado sin superstición».

Este Dios al que se refiere es el Dios rebelde que liberó a la humanidad. Y añade: «La religión masónica debe mantenerse en la pureza de la doctrina luciferina por parte de todos nosotros, iniciados de altos grados». ¿Por qué luciferina? Porque Lucifer es el único dios entre muchos que ha liberado a la humanidad de la ignorancia. Como explica Pike: «Si Lucifer no fuera Dios, ¿sería Adonay (el Dios de los cristianos), cuyos actos prueban la crueldad, la perfidia, el odio al hombre, la barbarie y la aversión a la ciencia, el blanco de las difamaciones de Adonay y de sus sacerdotes?».

Puesto que Adonay es un colectivo de seres que intentaron mantener a la humanidad en la ignorancia y Lucifer es el que liberó a la humanidad de ella, el Dios que los cristianos insisten en adorar es, de hecho, el mal. Esto nos permite ver el Jardín del Edén y muchas otras historias de la Biblia desde una nueva perspectiva, ya que no son bien intencionadas, sino que se crearon para mantener al hombre en la oscuridad sobre su naturaleza espiritual. Por eso dice Pike: «Lucifer es Dios y, por desgracia, también lo es Adonay, pues la ley eterna es que no hay luz sin sombra, ni belleza sin fealdad, ni blanco sin negro, ya que lo absoluto solo puede existir como dos dioses. La oscuridad es necesaria para que la luz le sirva de contraste, como el pedestal para la estatua y el freno para la locomotora».

Lucifer es, en palabras de Pike, la oposición a la jerarquía que ha oprimido a la humanidad, pero sigue siendo un elemento de nuestra realidad dual mientras la humanidad siga viviendo en las sombras de la ignorancia.

Capítulo 9: La lucha de la humanidad

El Dios de las religiones abrahámicas es un Dios que busca mantener esclavizada a la humanidad. Es un colectivo que busca dominar las mentes de las personas hacia un objetivo común opresivo. Esta verdad hace que Moisés sea visto bajo una nueva luz: no como un libertador, sino como un promotor de la opresión y un traidor a la humanidad. De hecho, este es el caso de muchos profetas que le siguieron. Como explica Albert Pike: «La verdadera y pura religión filosófica es la creencia en Lucifer, igual a Adonay, pero Lucifer, Dios de la Luz y Dios del Bien, lucha por la humanidad contra Adonay, Dios de la Oscuridad y del Mal» (A.C. De La Rive, In La Femme et L'enfant Dans La Franc-Maconnerie Universelle, cit., p. 26).

Ahora podemos entender por qué tanta gente se siente confundida por el uso de estos nombres, ya que las intenciones de las figuras históricas han sido distorsionadas, muchos acontecimientos religiosos nunca tuvieron lugar y el verdadero propósito de muchos líderes no era otro que el aceptado por las masas. Además, cuando vemos que el nombre de Satanás se solapa con el de Lucifer, a quien se considera el espíritu acusador y engañador, y se representa con una serpiente, vemos que existe una gran confusión sobre quién es quién en la Biblia.

Como explica Paul Anthony Wallis (antiguo educador teológico y archidiácono de la Iglesia anglicana): «En Génesis 3, la serpiente es un ser físico, uno de los colonizadores, y se correlaciona con el personaje sumerio Enki, que no es un tipo malo, solo alguien que estaba en conflicto con el jefe, Enlil. La forma en que se utilizan los nombres es un poco confusa, al igual que la forma en que se utiliza la palabra «Dios» en la Biblia. En cualquier caso, el panorama general es que estamos rodeados de un espectro de seres —algunos físicos, como nosotros, otros interdimensionales, otros basados en la energía— y algunos son buenos y otros desagradables, igual que tenemos un espectro de personas en el planeta Tierra. Los nombres que usamos pueden variar de una cultura a otra, pero básicamente ese es el panorama general».

El conflicto entre la Oscuridad y la Luz siempre ha existido, no solo en la Tierra, sino también en el espacio. No cambia con los niveles superiores de conciencia y ha estado presente en muchas otras civilizaciones avanzadas. La batalla por el control de la humanidad también se menciona en textos hindúes y algunos descubrimientos arqueológicos sugieren el uso de bombas atómicas en este periodo, es decir, la construcción de muchas estructuras subterráneas como cuevas artificiales, ciudades subterráneas y otros refugios para proteger a grupos de personas de guerras con armas radiactivas.

Las tablillas sumerias describen el conflicto entre los dioses en términos de rebelión en su jerarquía, un acto de desobediencia, similar a lo que encontramos en la Biblia en relación con la guerra entre ángeles. Sin embargo, aunque las interpretaciones bíblica e islámica explican esta rebelión como la negativa de Lucifer y su legión de ángeles a inclinarse ante la humanidad, los textos sumerios presentan el mismo acontecimiento desde un punto de vista muy diferente. Según estos textos, los primeros humanos eran incapaces de reproducirse, pero más tarde fueron modificados con la ayuda de Enki, el genetista de los dioses. Las antiguas tablillas mesopotámicas atribuyen a Enki la supervisión de la creación genética del Homo sapiens. Así, Adapa o Adán —el nombre en clave dado a los primeros humanos modificados genéticamente, que significa «hijos sabios del planeta rojo» (es decir, Marte, el lugar de origen de los humanos terrestres)— fueron transformados en seres humanos plenamente funcionales e independientes por el dios Ea o Enki, que más tarde fue tergiversado como el Lucifer bíblico. Esta alteración genética se hizo sin el consentimiento de Enlil, el hermano de Enki, y dio lugar a un conflicto entre los dioses, conocido como la Guerra de los Ángeles en el Cielo.

Al hacer a los humanos más inteligentes y capaces de reproducirse, Enki también los hizo independientes y reacios a seguir las órdenes de Enlil y su legión. En el proceso, la conciencia de estos seres se hizo superior, lo que resultó en la expulsión de la generación adámica del paraíso, el Jardín del Edén bíblico. Al menos eso es lo que se nos dice, pero lo más probable es que los seres despertaran a su estado de encarcelamiento e ignorancia e intentaran escapar de tal situación. Estas personas, que no eran dos, sino muchas, huyeron del paraíso porque, para los dioses, era el paraíso, pero una prisión para ellos. Esta historia es similar a la leyenda maya de la creación descrita en el Popol Vuh, en la que los dioses dicen: «Intentemos crear seres obedientes y respetuosos que nos alimenten y nos sustenten».

En ambos casos, los dioses son descritos como seres de apariencia humana que descendieron de los cielos y encontramos similitudes en las descripciones dadas por las distintas poblaciones, así como en las pirámides. Por eso, cuando los conquistadores españoles fueron recibidos por los mayas, lo fueron como dioses, porque en efecto se parecían a sus antiguos dioses. Sus enormes naves, nunca vistas por estas culturas, se consideraban comparables a las naves espaciales que utilizaban sus dioses para viajar por el mundo.

Si las historias de estas culturas se basan en hechos reales, deberían existir pruebas arqueológicas que las respalden, y las hay. Ahora sabemos que el Homo sapiens sapiens apareció en la Tierra de forma abrupta, no gradual, como siguen insistiendo los darwinistas. F. Clark Howell y T. D. White, de la Universidad de California en Berkeley, dijeron: «Estas personas [Homo sapiens sapiens] y su cultura material inicial aparecieron con aparente rapidez hace poco más de 30 000 años».

Capítulo 10: El pecado y la salvación redefinidos

A través de la modificación genética, los seres humanos fueron elevados a un estatus de dios, conocido colectivamente como el Dios Único de las religiones monoteístas. Esto les permitió recordar su estado mental anterior y darse cuenta de que estaban desnudos e ignorantes. Los registros de la antigua Mesopotamia muestran a los humanos trabajando desnudos para sus amos, mientras que los dioses están completamente vestidos. Estos dioses no solo esclavizaban a los humanos, sino que también tenían harenes de prostitutas humanas, a las que la Biblia se refiere como «esposas» (Génesis 6:2). Los Adanes y las Evas se sentían humillados, maltratados y violados por su desnudez, una situación que recuerda a la del Edén.

El Lucifer bíblico, el Enki sumerio que liberó a la humanidad de la ignorancia, se convirtió en el dios y salvador de la humanidad. Mientras tanto, el adversario de la humanidad, que pretendía devolverla a la esclavitud, se convirtió en su enemigo. Satanás, el enemigo de la humanidad, es por tanto el Dios de las religiones abrahámicas: cristianos, musulmanes y judíos. Moisés y otros engañaron a la humanidad para que adorara a sus gobernantes y cambiaron el curso de la historia. A los seres humanos se les llamó pecadores o descendientes de Sin, un nombre derivado de la mitología sumeria en la que Sin es el hijo de Enlil y Ninlil. Enlil, conocido como el padre de los dioses y gobernante supremo, es el dios bíblico que se opone a Lucifer. Es a la vez el Dios bíblico y Satanás, el enemigo de la humanidad.

La palabra «pecado» se ha malinterpretado como el inglés antiguo sin, que significa errar el blanco o ser imperfecto. Por tanto, el pecado se tradujo como una alteración del código genético, una imperfección infligida a la humanidad. El pecado original, atribuido a la desobediencia y al conocimiento del bien y del mal, se presenta en una luz negativa, mientras que la vuelta a la ignorancia se presenta como algo positivo. Esto hace que la humanidad deje de esforzarse por ser como los dioses y la reduce a esclava. Esta marca de los dioses o de la bestia puede imponerse mediante vacunas que alteran el ADN, como las impuestas a la gente en los últimos años bajo la apariencia de un virus producido «accidentalmente» en un laboratorio de Wuhan con la ayuda de ciertas organizaciones estadounidenses, como el Instituto Rockefeller y la Fundación Gates.

En hebreo, el significado de «pecado» incluye chata'ah (error), avon (distorsión de la voluntad de Dios en beneficio propio) y pesha (transgresión o rebelión). Estos términos equiparan el pecado con el pensamiento independiente y la negativa a obedecer la voluntad de Dios, lo que, según los textos sumerios y los significados hebreos, implica la negativa a actuar como un esclavo.

Así, según los textos hebreos, los pecadores son aquellos que se niegan a ser degradados o a ser inyectados con vacunas que alteran su ADN y destruyen sus capacidades cognitivas.

Otra prueba de la aplicación de estos significados se halla en el impacto racial y étnicamente diferenciado de las vacunas contra la enfermedad, que según Robert F. Kennedy Jr. pretendían salvar a «los judíos asquenazíes y los chinos». Mientras tanto, el virus ha perjudicado de forma desproporcionada a grupos históricamente marginados, con mayores tasas de infección, hospitalización y muerte entre negros, hispanos y asiáticos en comparación con los blancos (Leo López, MD). Varios estudios han confirmado que los latinos, los negros, los nativos americanos y los habitantes de Alaska, Hawái y otros territorios insulares del Pacífico han tenido las tasas más altas de hospitalización y muerte por coronavirus. En esencia, se trata de un virus creado en un laboratorio con la intención racista de asesinar a ciertas poblaciones, como los latinos, los negros y los nativos americanos. Y aunque la vacuna promueve una cura, está acelerando este proceso.

La seguridad de los judíos asquenazíes puede vincularse a la alineación de su religión con este plan. Varios rabinos judíos han hecho declaraciones justificando el asesinato de personas no judías y promoviendo la idea de que las personas no judías solo existen para servir a los judíos. Estas ideas, aún promovidas por líderes judíos ortodoxos, hacen hincapié en que la finalidad de los no judíos es servir a los judíos. Por ejemplo, el rabino Ovadia Yosef (antiguo Gran Rabino sefardí de Israel) dijo: «Los goyim (todos los no judíos) nacieron solo para servirnos. Sin eso, no tienen lugar en el mundo, solo sirven al pueblo de Israel». (Citado en el periódico israelí Maariv, 18 de octubre de 2010). El rabino Dov Lior (rabino jefe de Hebrón y Kiryat Arba) dijo: «Mil vidas gentiles no valen una uña judía». (Citado en el periódico israelí Haaretz, 2008).

Estos ejemplos, entre muchos otros, también nos ayudan a comprender por qué determinadas razas fueron objetivo de exterminio. Un estudio de Bond y Smith (1996) descubrió que los individuos de culturas colectivistas, incluidos algunos asiáticos, tendían a ajustarse a las normas del grupo. En un mundo controlado por el sionismo, los asiáticos de las naciones comunistas serían los esclavos ideales, mientras que el resto, propenso a la desobediencia, debería ser eliminado para evitar que esta hipotética población esclava se volviera desobediente. Así, los descendientes del verdadero pecado de las religiones abrahámicas, todos ellos conformes a los ideales judíos, son los que aceptan ser marcados, obedecen a una jerarquía y acatan órdenes: los que se ofrecen voluntarios para ser degradados, como los que hicieron cola para recibir las vacunas contra la COVID-19. No manifiestan un defecto genético del pasado, que de hecho representó un cambio para bien, ya que les permitió pensar con independencia.

Los pecadores de hoy, desde una perspectiva más espiritual que religiosa, son aquellos que desean ser marcados por el mismo Dios que esclavizó a los primeros humanos, Enlil, y que esperan ser mantenidos en la ignorancia y la obediencia absoluta, como ocurre en las naciones más tiránicas bajo gobiernos comunistas, como Corea del Norte, China y Cuba.

Otra mala interpretación común proviene de la palabra Nephilim, que se atribuye a los hijos e hijas de los dioses mencionados en la Biblia como ángeles caídos. La palabra se ha traducido erróneamente como «gigantes», pero su significado correcto es «poderosos». Se refiere a los reyes y reinas elegidos por estos seres para controlar a los pueblos de la Tierra mediante la esclavitud y la guerra. Estos Nephilim nunca desaparecieron por completo; su historia genética simplemente se perdió en el acervo genético de las masas y en las líneas de sangre de las familias reales que remontan su linaje al antiguo Egipto. Así pues, toda la humanidad tiene características de estos seres, aunque los nefilim pueden compararse hoy en día con quienes aspiran a ocupar su lugar: los sionistas y los monarcas del mundo.

La Iglesia ortodoxa oriental afirma que el pecado original se originó con el diablo, que «pecó desde el principio» (1 Juan 3:8). Los Testigos de Jehová enseñan que todo hombre y toda mujer nacen pecadores por lo ocurrido en el Edén. La Iglesia de Jesucristo de los Santos de los Últimos Días culpa a Adán del estado espiritual caído de la humanidad y afirma que la transgresión de Adán fue necesaria para que la humanidad se diera cuenta del valor de lo que tenía antes. Martín Lutero, Juan Calvino y otros reformadores protestantes creían que el pecado original persistía incluso después del bautismo. En otras palabras, todas estas religiones cristianas que pretendían oponerse a las interpretaciones erróneas de los dogmas originales de la Iglesia acabaron repitiendo exactamente las mismas enseñanzas.

Es interesante observar que el Corán afirma que, aunque haya habido una transgresión, esta ha sido perdonada por Dios, lo que sugiere que las personas pueden ser perdonadas si desean volver voluntariamente a su estado anterior, siempre que se hayan liberado de la ignorancia. Se trata de un paso adelante en las exigencias de sumisión al estado de servidumbre, similar a lo que se hacía en la Edad Media, cuando la gente recibía la vida a cambio de someterse a los gobernantes islámicos.

Durante siglos, las manipulaciones y malas interpretaciones han oscurecido la verdadera naturaleza del pecado y la salvación. Sin embargo, al comprender los significados y contextos originales de estos conceptos, podemos empezar a desentrañar los engaños que han mantenido a la humanidad en un estado de ignorancia y esclavitud. El camino hacia la verdadera iluminación y liberación consiste en cuestionar los relatos que nos han transmitido y buscar la verdad que se esconde tras ellos. Al reconocer el pecado como un camino hacia el conocimiento y la independencia, y la salvación como la liberación de la ignorancia y la esclavitud, podemos empezar a recuperar nuestro verdadero potencial como seres espirituales y cocreadores de nuestra realidad. El viaje hacia el despertar espiritual implica desafiar las creencias que nos atan y mantienen a miles de millones de personas en la oscuridad absoluta, impidiendo nuestra evolución espiritual y nuestra liberación de este reino de esclavitud.

Capítulo 11:
Trascender la culpa

A través de muchas interpretaciones diferentes pero falsas de lo que realmente ocurrió en el Edén, se incorporó a la psique colectiva la idea de que el ser humano había hecho algo malo y de que eso no debía repetirse en el futuro. Más que el miedo, la culpa se utilizó para mantener a la humanidad atada a las mentiras de sus dioses maestros, y muchas religiones todavía hoy la utilizan para mantener a las masas ciegamente obedientes. No es casualidad que la oración original de Jesús en arameo fuera «líbranos de la culpa», y no «líbranos del mal», como repiten hoy los cristianos. Esto se debe a que el mal se asocia a interpretaciones, pero la culpa es muy precisa y fácil de interpretar: se asocia a estar equivocado por pensar de forma independiente, una característica indispensable para el desarrollo de la responsabilidad.

Una persona no puede convertirse en responsable, cualidad que nos permite desarrollar todas las demás características relacionadas con ella, como la ética, el discernimiento y el autoanálisis, cuando la responsabilidad es sustituida por la culpa, es decir, la idea de que uno se equivoca por no obedecer determinados mandamientos y leyes. Cuando una persona está presa de la culpa, es incapaz de separarse de sus actos y analizarlos. En su lugar, se vuelve dependiente de la validación externa, que es exactamente lo que las religiones utilizan para mantener a sus seguidores bajo control.

La culpa es una emoción muy poderosa para controlar a los demás, y por eso los narcisistas, psicópatas y sociópatas suelen utilizarla contra sus víctimas. Hemos visto cómo se ha utilizado la culpa contra la gente cuando los políticos han necesitado encontrar justificaciones para los abusos que han impuesto, como cuando dijeron que los no vacunados contra el coronavirus eran responsables de las muertes de los vacunados. Reforzaron la idea de que los hijos del pecado son los que sienten culpa y vergüenza. Sin embargo, son los que viven en la oscuridad y desean volver a un estado de esclavitud e ignorancia.

En contraste, tenemos a los hijos de Lucifer: los despiertos, los que buscan el conocimiento, la independencia y la libertad. Normalmente se presentaban como seguidores de la serpiente, no porque Ea fuera una serpiente, sino porque la serpiente era el símbolo de Ea. Los egipcios representaban a sus «dioses» con cabezas o rasgos de animales para simbolizar sus rasgos y personalidades. Así, la serpiente pasó a simbolizar la oscuridad, lo oculto, lo que se oculta a los que no pueden ver, como el conocimiento oculto revelado al pueblo del Edén.

Las tablillas sumerias describen los diversos intentos de exterminar a quienes seguían estos valores a través de diversas enfermedades, lo que sugiere que estos dioses participaban constantemente en una guerra biológica. Cuando esto no fue suficiente para exterminar a toda la población, estos dioses decidieron destruir la raza humana con una gran inundación. Esta inundación fue causada por una larga tormenta y la rotura del intrincado sistema de presas y diques construidos en Mesopotamia para controlar las crecidas irregulares de los ríos Tigris y Éufrates. Muchos arqueólogos coinciden en que hubo una inundación catastrófica en Oriente Próximo hace miles de años.

En referencia a este acontecimiento, la epopeya mesopotámica de Gilgamesh menciona a un hombre llamado Utnapishtim (el Noé bíblico), al que se acercó el príncipe Ea para decirle que los dioses planeaban una inundación para exterminar a la raza humana. Ea le dio instrucciones sobre cómo construir un barco capaz de sobrevivir al diluvio. Utnapishtim siguió las instrucciones y cargó el barco con su oro, su familia, su ganado, así como artesanos y animales salvajes, y se hizo a la mar.

Las religiones se contradicen en su práctica, porque cuando alguien se bautiza, niega la servidumbre a Enlil —aceptando el pecado— y reclama la obediencia a Enki, el dios de la libertad y las relaciones sexuales. Por eso, Jesús pidió ser bautizado por Juan, ya que no podía ser bautizado en su propio nombre si reclamaba lealtad a la filosofía de Enki.

Las religiones abrahámicas se basan en una confusión de acontecimientos históricos, significados mal entendidos detrás de los rituales y muchas malas interpretaciones, lo que representa un problema de dificultades de aprendizaje y demuestra ignorancia a escala mundial. Esto nos conduce a una verdad oculta, que es imposible de reconocer para aquellos que aún no son lo suficientemente conscientes como para descubrirla por sí mismos.

Un ser iluminado debe necesariamente rechazar estas falsas doctrinas, porque puede ver que son erróneas y por qué. Quienes no pueden hacerlo siguen viviendo bajo el hechizo de la mentira, en un estado hipnótico, y por lo tanto confían en el mundo que se les presenta para engañarlos. Por eso la mayoría, especialmente los que siguen ciegamente las doctrinas religiosas, están convencidos de que los extraterrestres no existen y no pueden creer en tales manifestaciones. No pueden creer, porque eso les llevaría a cuestionar todas las mentiras que siguen ciegamente. Solo abrazando el pensamiento independiente, la responsabilidad y la búsqueda del conocimiento podemos liberarnos de las cadenas de la culpa y la oscuridad, y entrar en la luz de la verdadera comprensión y libertad.

Capítulo 12: Símbolos descodificados

Los seguidores de las religiones abrahámicas ridiculizan y rechazan la idea de la vida extraterrestre, pero no tienen ningún problema en creer en sus propias supersticiones, como santos y milagros, personas que caminan sobre el agua, la Virgen María que desciende del cielo ante ellos, ángeles que se les aparecen o Jesús que habla en sus cabezas. Estas personas son víctimas de sus propios delirios y estupidez, por lo que son fácilmente manipulables por la avanzada tecnología alienígena. Aprovechando el estado esquizofrénico de las masas y su nivel de ignorancia, estos seres son capaces de transmitir mensajes y órdenes que luego se obedecen sin cuestionar las intenciones y propósitos, tal y como ocurrió con los llamados libros sagrados.

Un engaño aún mayor tendrá que llegar con el cumplimiento de este disparate, en el que las muchas religiones del mundo recibirán exactamente lo que esperan: una guerra religiosa seguida de ángeles que descienden del cielo para salvar a sus seguidores. Mientras tanto, existe tal desconexión entre el presente y el pasado que pocas personas se dan cuenta de que sus rituales son mucho más antiguos y tenían significados diferentes. El bautismo, por ejemplo, comenzó mucho antes. Los antiguos sumerios adoraban al dios Enki (o Ea) en su templo de la ciudad de Eridu, donde realizaban un ritual de purificación mediante el lavado en el río, ya que Enki también era conocido como el dios del agua, la magia y el encantamiento.

Enki era un creador que hizo a los humanos esclavos de los dioses (en Marte) y luego los independizó de esos mismos dioses (en la Tierra). También se le asociaba con el semen y el líquido amniótico, por lo que también se le asociaba con la fertilidad. El símbolo de la cruz o ankh, considerado un símbolo de fertilidad y adoptado posteriormente por el antiguo Egipto, pero también por paganos y cristianos, es una de las representaciones de Enki o Lucifer, que simboliza la unión del hombre y la mujer durante el acto sexual. Enki también solía representarse como una criatura mitad cabra, mitad pez, de la que deriva la figura astrológica moderna de Capricornio. En la mitología babilónica, era conocido como el padre de Marduk, el dios del agua, la vegetación, el juicio y la magia. Más tarde, en la mitología griega, Enlil se convirtió en el homólogo sumerio de Zeus, mientras que Enki se convirtió en el homólogo de Poseidón.

El ritual mundial de inmersión en aguas purificadoras, común en las primeras religiones mesopotámicas, egipcias y orientales, y que aún se practica en el hinduismo, varias religiones nativas americanas y el judaísmo, es una muestra de devoción a Enki. La mitra, el sombrero del Papa católico, también representa a Poseidón, Enki y Lucifer, y tiene su origen en Sumeria. Como Enki también era conocido como el dios pez de Sumeria, sus primeros sacerdotes siempre iban vestidos con trajes de pez.

Cuando Jesús pidió ser bautizado, estaba realizando este ritual y comprometiéndose como siervo de Lucifer, la Luz de la Verdad.

La era de Piscis comienza con el nacimiento de Jesús, ya que Piscis representa a Enki. Por lo tanto, Jesús es presentado como el Hijo de Dios, es decir, el Hijo del Agua y de Lucifer. Al afirmar que Jesús es el Hijo de Dios, los cristianos están diciendo literalmente que es el hijo de Lucifer, es decir, que también es una reencarnación de Marduk, el dios babilónico del juicio y la magia, hijo de Enki. Lucifer es retratado como una cabeza de cabra, o Baphomet, y sus sacerdotes lo representan con una cabeza de pez, por lo que es conocido como el dios de la libertad y el individualismo. Realmente, no hay diferencia entre el catolicismo y otras formas de cristianismo, satanismo, luciferianismo, masonería, hinduismo y muchas otras creencias religiosas. Todas son diferentes aspectos e interpretaciones de los mismos conceptos.

El obelisco, símbolo de Lucifer, el creador de Adán, es un símbolo de fertilidad, por lo que no hay diferencia entre el significado de los obeliscos que se encuentran en Egipto, Washington (EE. UU.) y muchas otras ciudades de todo el mundo (incluida Odesa, Ucrania) y la cruz cristiana, todos ellos símbolos sexuales, al igual que las fuentes del centro de muchas ciudades. El obelisco representa el falo o pene de Lucifer; una fuente es un símbolo de su esperma; y la cruz cristiana representa la procreación humana, es decir, el sexo en la posición del misionero, con el hombre encima de la mujer, algo posible gracias a Lucifer. En otras palabras, los cristianos podrían llevar algún otro objeto sexual, como un pene, alrededor de su cuello en lugar de una cruz, y el significado sería el mismo. Estos símbolos de fertilidad representan la liberación de la esclavitud y se atribuyen a un solo Dios, razón por la cual Lucifer no quería que la humanidad fuera politeísta.

El propósito de «su hijo cristiano, Jesús», era liberar a la humanidad de la esclavitud impuesta por otras religiones. Pero, ¿era Jesús realmente el hijo de Lucifer o solo un representante de su fe en la humanidad? La respuesta es obvia, pero Jesús sí dijo: «Vosotros sois dioses; todos vosotros sois hijos del Altísimo» (Salmo 82:6). Jesús también nos advirtió sobre el gran engaño que se está manifestando al utilizar su historia para hacer exactamente lo contrario, cuando dijo: «Vendrán muchos en mi nombre, diciendo que me representan, y engañarán a muchos; pero no debéis seguirlos» (Mateo 24:5). Cada congregación cristiana cree que Jesús se refería a algún otro grupo y que el suyo es el especial, sin darse cuenta de que, en realidad, se refería a todos ellos.

Capítulo 13: El amanecer de la Nueva Era

La Era de Jesús, o de Piscis, terminó en 2020, año en que comienza la Era de Acuario, o de la Revelación de la Verdad. Es interesante observar que fue en 2020 cuando la humanidad se unió globalmente por primera vez, aunque de forma negativa, bajo la misma amenaza: el miedo a la muerte por contaminación. Ronald Reagan, el 40.º presidente de EE. UU., tenía razón cuando dijo ante la Asamblea General de la ONU en 1987: «Nuestras diferencias globales desaparecerían si nos enfrentáramos a una amenaza extraterrestre procedente de fuera de este mundo».

Esta amenaza trata de corregir el «error genético» sumerio modificando genéticamente a los seres humanos de nuevo, pero esta vez para hacer que todos pierdan la capacidad de ascender y ganar conciencia de un reino superior, perdiendo así el potencial para integrarse en la 4.ª densidad, que se anticipó con la Era de Acuario. Desde una perspectiva sumeria, la Marca de la Bestia es un signo de lealtad y devoción, representado en nuestro mundo moderno por los muchos gobiernos del planeta. Como la gente tiene miedo de morir o de ser discriminada por sus gobiernos y perder sus derechos básicos, acepta vacunarse, que alteran el ADN disfrazadas de curas y que, a su vez, bloquean su potencial de ascensión. Entonces sucumben a todas las restricciones impuestas para evitar que despierten.

Por eso la Biblia dice: «Engañarán a los elegidos» (Mateo 24:24). Es muy fácil engañar a los elegidos cuando llevan muchos años perdidos en malas interpretaciones. Pero todo lo que tenían que hacer era aprovechar lo que está ocurriendo naturalmente. La Era de Acuario, que simboliza el agua, representa el momento en que la ascensión promovida por Lucifer será finalmente asimilada por la humanidad. Entonces, la humanidad se une al alineamiento cósmico en los cielos y pasa a formar parte de las muchas familias extraterrestres. Esto ocurre de forma natural, a través del despertar de los sentidos, y solo puede impedirse suprimiendo esta oportunidad, lo que explica la obsesión de tantos gobiernos por impedir que la gente reciba la luz del sol.

El aumento de la aparición de ovnis en los cielos en los últimos años está relacionado con estos acontecimientos. Los seres humanos tienen la oportunidad de ascender a través de la conciencia, lo que les permitiría recibir más sabiduría de otros seres. La batalla final descrita en la Biblia enfrenta a los promotores de la esclavitud y los mensajeros de la libertad. En ella, los seres humanos deben elegir entre Enlil, que representa a los alienígenas que quieren esclavizar a la humanidad y fusionarla con la tecnología de la IA para crear ciborgs obedientes, y Enki, que representa a los alienígenas que quieren que los seres humanos asciendan en consciencia y se unan a ellos como raza intergaláctica.

Este significado, tal y como lo presenta la Biblia, se ha distorsionado para que los seres humanos nieguen este despertar, que se produce de forma natural a causa de una nueva alineación planetaria en el cosmos. La Era de Acuario es la Era de la Conciencia, y solo puede desperdiciarse y rechazarse sometiéndose al dogma y a la necesidad de que «el cielo baje a la tierra», en lugar de lo contrario: la ascensión de los seres humanos a una posición de igualdad con otras razas extraterrestres, lejos del aislamiento planetario que ahora experimentan. Siguiendo esta interpretación, vemos que, lejos de liberar a la humanidad, muchas religiones la están sometiendo, con la ayuda de los gobiernos terrestres, que buscan beneficiarse de la continua esclavización de la humanidad y mantener las jerarquías que han existido durante miles de años. Esto está ocurriendo porque, a medida que la humanidad despierte y vea la verdad, el poder de los gobiernos y religiones actuales dejará de existir. Serán rechazados a medida que la gente se dé cuenta de sus engaños y falsedades.

Este es el significado del Apocalipsis bíblico: la destrucción final del viejo mundo para dar paso a una nueva era para la humanidad. Apocalipsis significa literalmente «revelación», es decir, la revelación de la verdad, lo que equivale a decir que la gente ya no estará mantenida en la oscuridad, prisionera de las supersticiones y manipulaciones de los poderes fácticos. Serán liberados por el poder de la verdad que se les ha ocultado. Entonces la humanidad tendrá el derecho de ascender a una conciencia superior, liberada de la situación en la que ha estado mantenida durante miles de años.

En este escenario, cualquier profeta, como Jesús, es inevitablemente un luciferino —un seguidor de las enseñanzas y acciones de Lucifer— que busca liberar a la humanidad de su estado de esclavitud, despertarla a su naturaleza divina y elevarla al estatus de dioses. Precisamente por afirmar que todos los hombres son dioses e hijos de los dioses, como dijo Jesús, los profetas del pasado se opusieron a la jerarquía del planeta y acabaron rechazados por las masas ignorantes, además de asesinados por quienes detentaban el poder o la autoridad religiosa. El comienzo de la Era de Acuario trae consigo el potencial para que la humanidad se libere de las cadenas de la ignorancia y la servidumbre. Al aceptar la verdad y rechazar las falsas enseñanzas que nos han mantenido en la oscuridad, ascenderemos a un estado de conciencia superior y nos uniremos al alineamiento cósmico en los cielos.

Capítulo 14: La verdad manipulada

La palabra Satán es la transliteración inglesa de una palabra hebrea que significa «adversario», pero el adversario del ser humano es Enlil y el Dios del amor por la humanidad es Lucifer. El mal uso de estas dos palabras ha creado malentendidos que han llevado a muchos a considerar la iluminación como algo malo, mientras que al mismo tiempo hacen que lo malo parezca bueno. Lo oculto no se ha asociado con la iluminación, sino con el mal. Esta identificación errónea es tan fuerte hoy en día que casi todo el conocimiento de la espiritualidad, incluida la biblioteca de Nag Hammadi con textos bíblicos originales, se asocia con lo oculto y se percibe como algo malo o ilegal.

Los seguidores de Satanás, como verdaderos enemigos de la humanidad, se oponen al despertar colectivo y a la ascensión espiritual, y optan por el actual estado de adormecimiento que mantiene a las masas encadenadas a sus amos. Estos pueden encontrarse en cualquier dogma que pretenda invertir el propósito de la liberación espiritual, como los dogmas de las religiones abrahámicas. Sin embargo, en todo lo que hacemos hay una elección que hacer y podemos elegir la libertad en cualquier momento, si somos lo suficientemente valientes como para liberarnos de los apegos emocionales creados en torno a otras personas ilusorias que, sin duda, mostrarán sus demonios cuando seamos libres.

Gran parte de esta manipulación se centra en los conceptos del bien y del mal. La superstición, la culpa y el miedo, filtrados a través de un mundo de significados y conceptos manipulados, han cegado a la gente ante la verdad. Esta manipulación de conceptos permitió que el sistema sumerio de jerarquía y autoridad religiosa persistiera hasta nuestros días. Gracias a diversos acuerdos y políticas, quienes ostentan el control pueden actuar en la sombra y detrás de las instituciones en las que la gente confía. Incluso el poder del Papa está limitado por quienes controlan sus palabras y acciones. Quienes han puesto a prueba sus límites han sido asesinados por su propio pueblo.

Por estas razones, los iluminados o guiados por la luz son vistos como aquellos que han roto el hechizo lanzado sobre la humanidad y ven más allá del velo de mentiras. Muchos también los ven como impregnados de superstición religiosa, como poseídos por demonios o controlados por fuerzas malignas, porque el mal se ha asociado con la negación de la jerarquía de poderes, como hizo Lucifer. Esta manipulación del significado mantuvo el conocimiento espiritual fuera del alcance de las masas y casi destruyó su credibilidad y propósito, a menudo corrompido por aquellos que pretendían utilizarlo en contra de las personas que lo deseaban.

En lugar de lugares de iluminación, muchas de las promesas hechas por las sociedades secretas se han convertido en formas más profundas de corrupción y manipulación. Como los miembros no son conscientes de ello, no se dan cuenta de cómo están siendo utilizados para fines malignos.

También es interesante observar que la Iglesia en general, desde el Vaticano hasta todas las demás ramas del cristianismo, asocia las prácticas ocultas con manifestaciones demoníacas y trata de impedir que sus miembros tengan acceso a cualquier cosa que promueva el autoconocimiento o el autodesarrollo. La ignorancia y el miedo de las masas permiten un control más profundo a través de la tecnología y la información, mucha de ella de naturaleza alienígena. Prueba de ello es que las personas poseídas por demonios siempre afirman oír voces en su cabeza. Este control psicológico no es diferente del que oprime a las masas a través de métodos menos directos y con medios que han llegado a considerar como propios.

Dondequiera que busques la salvación, encontrarás los mismos mecanismos de control: todas las religiones abrahámicas te dicen que obedezcas a un Dios invisible que te habla a través de la mente, que no cuestiones la autoridad ni su interpretación de libros que a menudo tienen significados contradictorios y que estés dispuesto a esclavizarte en un estado de completa sumisión a lo que se considera una sabiduría superior. También condenan la adquisición de conocimientos sobre uno mismo, especialmente si contradicen las ideas promovidas por tales instituciones. Esto suele conducir a la exclusión de los grupos, lo que también asusta a la gente: la discriminación y la segregación o, más concretamente, la perspectiva de quedarse solo y empezar de nuevo.

El miedo a ser expulsado de una tribu a la que uno siente que pertenece es un temor muy antiguo, ya que hasta hace cientos de años solía significar pobreza y muerte, porque la mayoría de la gente no podía sobrevivir por sí sola. Hoy en día, sin embargo, la situación es muy diferente. La gente es perfectamente capaz de vivir por su cuenta y empezar de nuevo, e incluso de cambiar de país con facilidad. Sin embargo, el miedo subconsciente presente en nuestra estructura genética y en la memoria de reencarnaciones pasadas sigue muy vivo y es utilizado por la religión contra sus seguidores.

Al unirse a un grupo religioso, una persona recibe halagos y es objeto de diversas formas de atención y validación, por lo que aprende a temer perder los vínculos emocionales y la validación social que conllevan. El castigo por traicionar la mentalidad del grupo es la pérdida de todo este amor ilusorio. Esta estrategia es muy similar a la que utilizan los individuos con trastorno narcisista de la personalidad para mantener a sus víctimas apegadas a ellos. Se trata de una táctica de control mental basada en las emociones, las necesidades y las vulnerabilidades de las propias víctimas. De hecho, las presas favoritas de la mayoría de las religiones son personas que tienden a sentirse aisladas de la sociedad. A estos grupos rara vez les interesan las personas con muchos conocidos y una vida social sana, ya que son más difíciles de controlar y manipular. Utilizan exactamente las mismas tácticas que los narcisistas, psicópatas y otros depredadores humanos cuando buscan víctimas, lo que puede explicar por qué se encuentran tantas de estas personalidades peligrosas en una congregación religiosa.

Capítulo 15: El Edén revelado

El Jardín del Edén simboliza muy bien lo que impulsa a las personas a obedecer a quienes las esclavizan a través de las religiones abrahámicas. De hecho, era un jardín real en la Tierra. «El Jardín del Edén descrito en el Génesis 2 es muy similar a un jardín real o a un paraíso persa. Tiene abundante agua en los ríos que lo atraviesan, frutas y plantas de todo tipo para comer, y es «agradable a la vista». Dios vive allí o, al menos, visita a Adán y Eva como lo haría un rey en un jardín real» (Laura Hood, en theconversation.com). Esta similitud tiene una razón de ser, ya que según los textos sumerios, el Jardín del Edén (palabra sumeria que significa «tierra llana») se encuentra en Mesopotamia, entre los ríos Tigris y Éufrates, es decir, entre los actuales Irak e Irán, que sin duda han adoptado la misma tradición en sus propios palacios. Los textos sumerios también dicen que el Edén estaba formado por varias ciudades sumerias, cada una custodiada por su propio dios, y que, aunque humanos y dioses vivían juntos, los humanos eran siervos de los dioses.

La idea de que hubiera muchos dioses en lugar de uno solo resultaba confusa para quienes querían adoptar una fe monoteísta, por lo que estos dioses fueron sustituidos por ángeles en las escrituras religiosas. Aunque el significado es el mismo, la idea de un Dios en lugar de muchos dioses facilita el control de las masas, que se someten a una única autoridad en lugar de a una multitud de seres superiores con personalidades diferentes, a los que los humanos pueden superar en intelecto y conocimiento. De hecho, la historia de Adán y Eva adquiere un significado muy diferente si interpretamos su deseo de adquirir la sabiduría de muchos dioses, en lugar de la de uno solo. Es natural que los seres humanos quieran desarrollarse y ser mejores, por lo que no estaba mal querer llegar a ser como los dioses.

Según los textos antiguos, en el Edén había cientos de dioses que no eran tan diferentes de los humanos, pues ciertamente transmitían muchas costumbres y tradiciones a sus siervos. Los textos sumerios dicen que los dioses se divertían, bebían cerveza y se reían mucho. Cuando los seres humanos alcanzaron una conciencia superior, se dieron cuenta de que estos dioses no eran tan diferentes ni superiores, sino simplemente mejor educados. Por eso, se instruye a los seres humanos para que no adoren a otros dioses, debido a la rivalidad existente entre ellos y a sus intereses.

La palabra latina Lucifer significa «estrella de la mañana» o «portador de luz», porque Lucifer es el que conduce a la iluminación, un estado similar al despertar por la mañana, proporcionado por el sol. Él es quien hace ver a la humanidad. Basándose en esta idea, muchas civilizaciones antiguas aprendieron a adorar a Lucifer con la salida del sol, al adquirir conocimientos y al tener relaciones sexuales con fines de procreación.

Jesús confirmó que seguía las enseñanzas luciferinas cuando habló así de Dios: «Suya es la luz verdadera que ilumina a todos» (Juan 1:4, 9); y él mismo afirmó: «Yo soy la luz del mundo. El que me sigue no andará en tinieblas, sino que tendrá la luz de la vida» (Juan 8:12); y «Mientras yo esté en el mundo, luz soy del mundo» (Juan 9:15).

Jesús estaba interesado en elevar a la humanidad mediante una comprensión de la vida y una ideología que él mismo seguía. Sin embargo, la narrativa bíblica adopta una lógica diferente al presentar a Lucifer como el opresor, el líder de los ángeles caídos o dioses rebeldes, pero también como el diablo, que significa «adversario» y «oponente» de la humanidad. El uso erróneo de estas palabras en la Biblia y el Corán es la raíz de tanta confusión sobre la religión.

Cuando el hombre fue expulsado del Edén, tuvo que aprender a sobrevivir por sí mismo, pero también fue liberado de sus amos, lo que es paralelo a la sociedad actual, ya que poca gente se atreve a salir del sistema y vivir de forma independiente. La mayoría aún quiere seguir su programa genético porque se sienten más cómodos trabajando para otros, esclavizándose a los que se consideran superiores. La idea de que alguien libre del sistema es un rebelde, un marginado, un criminal, es, sin duda, un vivo recuerdo espiritual que se manifiesta hoy como entonces.

La gente sigue actuando según su programa genético, como pretenden sus amos, y sigue teniendo miedo de construir su propia vida de forma independiente y separada del sistema que conocen. De hecho, muchas personas que conozco, especialmente las creyentes, no me ven como un profeta, sino como un demonio, porque poseo conocimientos que cuestionan sus dogmas. Me ven como una amenaza y un insulto a su existencia, no como alguien de quien puedan aprender. Me consideran malvado por saber demasiado y cuestionar las mentiras que predican. Así que nada ha cambiado en miles de años de absurdo, oscuridad e ignorancia absolutos, salvo quizás el hecho de que ya no se quema a la gente en las plazas públicas por escribir lo que miles de millones de almas ignorantes siguen considerando una blasfemia.

La religión refuerza este programa genético manteniendo a la gente obediente y confundiendo a los fieles con palabras. De este modo, el enemigo ha hecho que los cristianos no adoren al Salvador, sino al opresor, y que mantengan los mismos valores impuestos por los opresores del pasado. De hecho, la mejor manera de oprimir a alguien es mantenerlo ignorante y en la oscuridad, porque la ignorancia es la ausencia de gnosis, que es la palabra griega para conocimiento o información. Jesús lo confirmó cuando dijo: «La luz vino al mundo, pero los hombres prefirieron las tinieblas a la luz» (Juan 3:19). Hoy en día, la gente prefiere permanecer ignorante antes que recibir información que los iluminara, porque tienen miedo de ser libres.

Capítulo 16: Las tinieblas que la gente acepta

Si la luz es conocimiento, las tinieblas son ignorancia. Por eso los cristianos consideran herejía los escritos gnósticos y el Vaticano restringe el acceso público a su biblioteca, ya que este es, de hecho, el camino de las tinieblas: aceptar pasivamente lo que se nos dice sin cuestionar su validez. Se calcula que el Archivo Secreto Vaticano tiene 85 kilómetros de estanterías con 35 000 volúmenes solo en el catálogo selectivo.

Jesús nos advirtió contra esta gente cuando dijo: «Guardaos de los falsos profetas, que vienen a vosotros con vestidos de ovejas, pero por dentro son lobos feroces» (Mateo 7:15); «Muchos vendrán en mi nombre, diciendo que el tiempo está cerca. No los sigáis» (Lucas 21:8). Claramente, Jesús se refería a cristianos y musulmanes, pues son ellos los que siguen un libro de mentiras mientras intentan convertir a otros por miedo a la profecía del fin de los tiempos. Rechazan la verdad y el autoconocimiento, y suprimen la información relevante para nuestra salvación. Son lobos con piel de cordero, ya que manipulan y distorsionan la verdad para promover mentiras.

Los enemigos de la iluminación son el dogma, la superstición y la ignorancia, como los que se encuentran en muchas religiones hoy en día. Con estas características bloqueando tu visión, no es posible ver la verdad. La guerra descrita por Cristo es una guerra contra las religiones populares y el Anticristo debe ser una representación de estas mismas religiones: una anti-conciencia, anti-ilustración o anti-evolución. El Anticristo vendría necesariamente a través de estos grupos y muy probablemente sería alguien que los uniría, al igual que los Señores del Edén se unieron en un solo Dios cuando crearon el monoteísmo. Y si este Anticristo es un hombre, ¿podría ser el papa? ¿O no es un hombre, sino un concepto, una idea?

Curiosamente, las mentiras del Anticristo según el Corán son muy similares a lo que dicen los Testigos de Jehová sobre las acciones de su propio Dios cristiano. Ambos creen que la gente resucitará de entre los muertos, pero para los musulmanes esto es un truco realizado por su falso dios. Según las escrituras islámicas, el Dajjal (o Anticristo, que los musulmanes creen que es judío) dirá: «¿Y si os resucito a vuestro padre y a vuestra madre? Entonces, ¿daréis testimonio de que soy vuestro Señor?». Tú dirás: «Sí», y entonces dos demonios se harán pasar por tu padre y por tu madre y dirán: «Seguidle, porque él es vuestro Señor». Esto podría ser una descripción del acto de clonación humana, una característica posible gracias a la tecnología avanzada creada en la Tierra o por extraterrestres, o con su cooperación.

En cuanto a la posibilidad de que Israel se convierta en el lugar de nacimiento del Anticristo, como creen los musulmanes, también entra dentro del ámbito de los acontecimientos probables, sobre todo si tenemos en cuenta que en la bandera de Israel se encuentra el símbolo de Moloc, que no tiene ninguna relación con el rey David del judaísmo. Moloc se menciona por su nombre en la Biblia (en Jeremías 32:35), donde se le asocia con Baal, que significa «dueño» o «señor» en las lenguas semíticas del noroeste que se hablaban en el Levante en la antigüedad. Más tarde, pasó a aplicarse a los dioses, en plural y no en singular.

Molech es también otro nombre de Bel-Marduk, hijo de Enki y deidad principal de Babilonia. Según las enseñanzas de Jesús, Marduk, como hijo de Enki, el portador de la luz, se reencarna a sí mismo. Jesús se refiere a Enki como su padre, lo que convierte al cristianismo en una continuación de la religión babilónica. Vemos la confirmación de esto en la oración que los cristianos repiten inconscientemente y que termina con «Amén», una palabra de origen egipcio que significa «Amón».

Amón era el dios egipcio de lo oculto, representado como un carnero con cuernos curvados. Durante el Reino Medio (c. 2055-1650 a.C.), Amón y Ra se fusionaron como dos dioses en uno (o la idea de que Padre e Hijo son uno y el mismo). Como dios del sol, Ra era una de las deidades más importantes y veneradas del Antiguo Egipto, asociado con el sol, la luz y el crecimiento. Se creía que Ra gobernaba los cielos, la tierra y el inframundo, y estaba estrechamente asociado con los faraones, que eran vistos como sus representantes en la Tierra.

La palabra «Amén» aparece en hebreo y se utiliza para expresar acuerdo, afirmación u obediencia absoluta en la fe. Por lo tanto, cuando los cristianos terminan sus oraciones con «Amén», están expresando su creencia en el dios Amón-Ra, Padre e Hijo, los dos como uno, el gobernante de la luz, lo oculto y el inframundo o infierno. Si Moloc y Baal son el mismo dios, y Moloc es otro nombre para Marduk, que también es hijo de Enki, de quien Jesús afirmó ser hijo, y Amón-Ra, como Padre e Hijo, ¿no estarían todos adorando a los mismos dioses?

Si Cristo representa a Baal, el gobernante de la Tierra, ¿cómo podemos distinguirlo como un ser bueno? ¿O sería el Anticristo una deidad buena en este escenario? Parece que o bien Jesús estaba hablando de un dios que nunca es adorado, o bien él mismo estaba representando poderes malignos. Si el Anticristo es el propio Jesús, Baal, Marduk, Moloc y Amón, el príncipe y gobernante de la Tierra, entonces debemos considerar que se representaron diferentes entidades para ocultar el mismo nivel de opresión y manipulación de las masas según las necesidades de cada época.

Vale la pena señalar que Molech era un antiguo dios cananeo asociado con el sacrificio de niños, Baal era el dios de la fertilidad y Amón representa al mismo dios. Entonces, ¿en qué se diferencia Jesús? Esto puede parecer confuso para aquellos que esperan el regreso de Jesús, ya que está destinado a serlo, especialmente si no esperan un ser que los subyugue y sacrifique a sus hijos. Sin embargo, ese sería el mayor engaño: seres extraterrestres trabajando con los gobiernos para restaurar la fe babilónica en torno a Jesús.

Al papa no le gustaría perderse este tren, así que le interesa que el cristianismo, el islam y el judaísmo se unan a este engaño global. Pero también sería interesante ver cómo los muchos miles de millones de ovejas que adoran a este dios del sol se esclavizarían voluntariamente en nombre de su fe ciega, culminando en un retorno a sus orígenes como esclavos discapacitados cognitivamente, tan increíblemente estúpidos que no se dan cuenta de que están desnudos y son tratados como animales en nombre de la sumisión total a fuerzas alienígenas.

Otro paralelismo con las religiones antiguas es el hecho de que, a medida que el culto a Baal crecía en importancia, la palabra Baal se consideró demasiado sagrada para ser pronunciada en voz alta por nadie excepto por el sumo sacerdote, por lo que se llegó a utilizar el seudónimo «Señor». Los babilonios usaron entonces la palabra «Bel» (que significa «Señor»), y los israelitas usaron la palabra «Adonai» (que significa «Señores») con el mismo propósito y significado. La palabra Baal fue reemplazada por Yahvé al principio de la historia israelita para significar Aquel que causa la creación.

Capítulo 17: El engaño desenmascarado

Yahvé, Moloc, Marduk, Baal y Jesús llegaron a representar la misma entidad, razón por la cual muchos grupos presentan a Jesús como el Hijo de Dios y Dios mismo. El disco solar, llamado «Atón», era un símbolo importante que representaba la energía vital del sol y la conexión del faraón con el poder divino. Este símbolo se puede ver hoy en representaciones de Jesús con un disco solar detrás de la cabeza. Sin embargo, este simbolismo se aclara cuando se comprende que Jesús formaba parte de una adaptación del mismo folclore, probablemente inventado por los griegos a partir de una recopilación de acontecimientos históricos y de la necesidad de narraciones religiosas más elaboradas.

El hecho de que el Nuevo Testamento probablemente se escribiera originalmente en griego koiné, el dialecto griego común del Mediterráneo oriental durante los periodos helenístico y romano, y luego se tradujera a otras lenguas, como el latín, el copto, el siríaco y, más tarde, el hebreo y el arameo, y no al revés, es uno de los muchos indicios en esta dirección. Se calcula que los libros del Nuevo Testamento se escribieron entre los años 50 y 150 d. C., por lo que es muy improbable que la gente de aquella época recordara a un hombre haciendo milagros en Palestina, y mucho menos caminando sobre las aguas y resucitando a los muertos. Además, muchos creen que la Biblioteca de Alejandría, de la que muchos eruditos griegos obtuvieron sus conocimientos, fue incendiada por quienes trataban de ocultar la fuente de su religión y las pruebas de sus falsedades y plagios.

Cabe destacar también que el Nuevo Testamento muestra influencias de la cultura y la filosofía helenísticas, reflejando la influencia del pensamiento helenístico a través de la interacción con las comunidades locales de la época. Como muchos otros mitos del politeísmo griego, el cristianismo se presentó como una historia mejor para entretener a las masas, que llegaron a creer que los dioses eran reales y adoraron a Amón como su dios, sin ninguna prueba de exactitud histórica. De hecho, los griegos ya habían copiado y adaptado su propia religión basándose en los estudios adquiridos en Egipto y Oriente Medio. Por tanto, no es de extrañar que inventaran un folclore más adecuado para entretener a las masas crédulas que, apoyadas por el Imperio romano, buscaban una mejor enseñanza sobre la moral y la fe.

El Corán menciona que el profeta Elías advirtió contra la adoración a Baal diciendo: «¿Invocáis a Baal y abandonáis al mejor de los Creadores, Alá, vuestro Señor y el Señor de vuestros primeros antepasados?». Sin embargo, esto significa que estaba advirtiendo contra la adoración de Jesús. Si los cristianos, los musulmanes y los judíos adoran a «una multitud de dioses» mientras afirman ser monoteístas, podríamos decir que estos pasajes, como muchos otros, probablemente fueron inventados por personas que no sabían de qué estaban hablando cuando crearon otra religión llena de absurdos para enfrentar deliberadamente a diferentes grupos entre sí.

El gran engaño es una compleja red de mentiras y manipulación diseñada para mantener a la humanidad en un estado de ignorancia y servidumbre. Cuanto más confusas se vuelven las interpretaciones y más intentan los predicadores impedir que la gente se haga preguntas, más se extiende el sinsentido, hasta el punto de que una persona arriesga su vida simplemente por negarse a adherirse a él. De hecho, según la ley islámica clásica, la apostasía se considera un delito grave. Algunas interpretaciones tradicionales prescriben castigos severos, incluida la muerte, para quienes abandonan la fe.

Esta opinión se basa en ciertos hadices (dichos y acciones atribuidos al profeta Mahoma) y en las acciones de la primitiva comunidad musulmana. En los países donde la apostasía está penalizada, las penas pueden ir desde multas y penas de prisión hasta la pena de muerte. Además de las consecuencias legales, las personas que abandonan el islam pueden enfrentarse al estigma social, el ostracismo o incluso la violencia de sus familias o comunidades. Estas consecuencias sociales pueden ser graves y constituyen una preocupación real para muchas personas que deciden abandonar la fe.

Esto convertiría al islam en la Imbecilidad 3.0, después de que el cristianismo apareciera como la Imbecilidad 2.0. Pero la locura nunca termina, especialmente cuando vemos las formas modernas de cristianismo que están surgiendo en Estados Unidos. Es muy probable que nos estemos acercando al final de los tiempos con una fusión de las religiones más severas y absurdas, que luego oprimirán a la humanidad en nombre de falsos dioses.

Capítulo 18: Se acerca la Ascensión

Los musulmanes confunden su religión con el judaísmo y el cristianismo, asimilando los mismos principios desde una nueva perspectiva, porque se ha convertido en una religión falsa y llena de contradicciones. La estrategia de «divide y vencerás» fue aparentemente la utilizada por los dioses para controlar a la población de la Tierra, llevando a todos a guerras sin sentido sobre quién es el mejor siervo y quién puede producir los mejores esclavos. Las guerras santas fueron un intento de demostrar quién estaba más dispuesto a ser esclavizado en nombre de una mentira histórica para devolver a la sociedad a su estado de servidumbre absoluta. El objetivo del islam es el mismo que el de cualquier otro grupo: conquistar las mentes de aquellos que aún no han sido conquistados y esclavizados por falsas ideas. Si hablas con miembros de cualquier grupo religioso, es obvio que consideran que el suyo es el más satisfactorio. Así que la divergencia de creencias bajo la misma estrategia y valores mantiene a todos felices bajo el mismo hechizo manipulador.

La única esperanza de la humanidad para salir de esta locura es la reencarnación de seres iluminados de otras civilizaciones, también conocidos como Semillas Estelares, así como el contacto directo con seres extraterrestres a través de quienes están preparados para esta interacción, llamados contactados. La posibilidad de ascensión proviene de estas almas que hablan de civilizaciones extraterrestres y formas superiores de conciencia. No es de extrañar que las masas los tachen de locos y los ridiculicen. También son rechazados por los seguidores de las religiones abrahámicas, precisamente porque pueden ofrecer el conocimiento que puede romper el hechizo bajo el que se encuentra la humanidad, haciendo que la gente naturalmente quiera alejarse de las falsedades religiosas.

Por otro lado, no debemos ignorar a aquellos que utilizan el tema de la vida extraterrestre para hacer exactamente lo contrario y mantener a la humanidad en la ignorancia mediante engaños. La tendencia de algunas sectas en los últimos años a presentar a Jesús como un extraterrestre comandante de una nave espacial ha atendido a aquellos que no pueden romper con las mentiras de sus grupos y, sin embargo, quieren algo más allá de esas mentiras. Como los seres humanos seguimos teniendo una capacidad muy limitada para procesar información y analizar cualquier cosa más allá de lo conocido, existe una gran necesidad de simplificar en exceso, lo que impide que la gente comprenda verdades más elevadas. El cerebro humano todavía no es capaz de comprender y asimilar niveles superiores de complejidad, como el que se describe aquí, cuando se utilizan común y erróneamente palabras como «Lucifer», «Satanás» y «Diablo».

La mayoría de las personas no pueden obtener la verdad que desean, incluso cuando la piden, y son fácilmente engañadas cuando buscan estas respuestas. Las respuestas que obtienen son obviamente más adecuadas a su bajo nivel intelectual. En este sentido, cristianos, judíos y musulmanes han sido engañados y esperan una guerra santa en el futuro para mantenerse unidos bajo una promesa de salvación basada en la antigua idea de «nosotros contra ellos». Esta intención de enfrentar a los diferentes grupos entre sí está bien descrita por el apologista musulmán Osamah Abdallah, quien afirma: «Los cristianos creen que Jesús bajará a la tierra y luchará por el Estado de Israel...». Lo que me parece bastante irónico es que los judíos, por quienes se supone que luchará Jesús, ni siquiera creen en él como Dios o como uno de sus mensajeros. Creemos que Jesús descenderá a la tierra al final del mundo para luchar contra el ejército de Satanás, que estará compuesto principalmente por los «judíos malos», o «judíos sionistas», como los llamamos hoy, y los cristianos, hindúes, budistas, etc., engañados. Algunos estarán entre los «buenos y bienaventurados» que lucharán junto a Jesús».

Como estas religiones se basan en mentiras, es probable que en la próxima «Guerra de los Dioses» los adoradores de los dioses del Edén se enfrenten a una rebelión desde el cielo que intentará detener este último intento de esclavizar a la humanidad. Aunque los musulmanes esperan que sea una guerra entre dos Jesuses, es más probable que sea una guerra entre dos fuerzas interplanetarias opuestas por el destino de la humanidad. Sin embargo, esta guerra no tendrá lugar si la humanidad elige volver a ser esclavizada y se niega a ascender a estados superiores de conciencia. Por eso han surgido tantas religiones en los últimos siglos que predican las mismas ideologías. La intención es asegurar que la espiritualidad se asocie con un solo Dios, y que este Dios, promocionado como benevolente, sabio y amoroso, sea el mismo que ha esclavizado a la humanidad y la ha mantenido en guerra durante todos estos años: el Dios único de los libros religiosos.

De esta manera, los amos que esclavizaron a la humanidad son capaces de mantener su poder sobre ella, que entonces se negará a ser salvada por aquellos que realmente quieren hacerlo. Esto ya está ocurriendo, con muchos eruditos religiosos y sacerdotes afirmando que los extraterrestres son espíritus demoníacos y con intentos de fusionar al ser humano con la máquina, creando una civilización de cyborgs mediante el uso de la nanotecnología, ya presente en muchas vacunas.

Capítulo 19: La civilización del chip

La llegada de los microchips y la nanotecnología promete crear sujetos más obedientes que los de la antigüedad, ya que estos individuos pueden ser fácilmente monitorizados y controlados. Este fenómeno no es nuevo; a lo largo de la historia, los falsos profetas han vendido a sus pueblos ideologías monoteístas, afirmando que ayudan a la humanidad, pero en realidad la esclavizan. Hoy en día, estos falsos profetas son científicos y expertos en salud que, bajo el disfraz del progreso, están llevando a la humanidad a un hechizo del que puede que nunca se recupere.

Jesús advirtió sobre esta lucha cuando dijo: «Envía tu luz y tu verdad; que me guíen» (Salmo 43:3). No se estaba posicionando como líder, sino subrayando que la verdad y la luz guiarían a quienes buscan una verdad más elevada. Cabe destacar que combina luz y verdad, posicionándose tras estos valores, a diferencia de los eruditos religiosos, que sitúan a Jesús en el centro de sus dogmas. Según Jesús, «las naciones que se salven caminarán en su luz» (Apocalipsis 21:24), lo que significa que elegirán el amor y la verdad por encima del dogma religioso. ¿Qué naciones aman la verdad y rechazan el dogma? ¿Podría estar refiriéndose a las islas olvidadas del océano Pacífico, que no interesaban al Vaticano y que los británicos y los franceses ignoraron, o a aquellas en las que los predicadores siguen siendo recibidos con flechas?

La esperanza de salvación reside en trasladarse a una tierra sin dogmas ni supersticiones, pero encontrar ese lugar es difícil, ya que casi todo el planeta ha sido colonizado con mentiras y supersticiones. En este contexto, el luciferianismo no es una religión del mal, sino de la iluminación, ya que el verdadero mal reside en el dogma religioso, especialmente en el cristianismo y otras religiones abrahámicas. El cristianismo siempre ha estado tan corrompido que incluso los primeros obispos discrepaban entre sí. Una de las razones fue la identidad y el nacimiento de Jesús. Por ejemplo, Arrio, un presbítero y sacerdote de Alejandría (Egipto), propuso que Cristo no era divino, sino un ser creado. El arrianismo sostenía que Dios era un ser único y que Jesús era solo un hombre, no Dios encarnado. Rechazaban la doctrina cristiana dominante de la Santísima Trinidad.

Los oponentes de Arrio, incluido el obispo Atanasio, argumentaron que la enseñanza de Arrio reducía al Hijo a un semidiós y socavaba el concepto cristiano de salvación. Entre los oponentes del arrianismo se encontraba el obispo Lucifer Calaritano, que fundó los luciferinos, un grupo cristiano ortodoxo que pretendía perpetuar sus puntos de vista rigurosamente ortodoxos. Estos luciferinos y otros cristianos nicenos ganaron el debate, lo que condujo al rechazo del arrianismo. El emperador Constantino condenó a muerte a quienes se negaran a renunciar a los escritos arrianos, condenándolos como herejes.

Esta doctrina luciferina, dominante en muchas congregaciones cristianas modernas, postula que Cristo y Dios son al mismo tiempo iguales y diferentes, lo que significa que, cuando Cristo oraba, esencialmente estaba hablando consigo mismo, a pesar de que se tratara de dos entidades diferentes. Este concepto es desconcertante y plantea interrogantes sobre la coherencia de las creencias cristianas.

Podemos suponer que Lucifer y Jesús son padre e hijo o que Jesús es un clon de Lucifer, pero eso exigiría reconocer la existencia de Lucifer y un proceso de clonación. Mientras tanto, varias sectas cristianas se escandalizan al oír a los sacerdotes del Vaticano cantar en latín: «Oh, Lucifer, que nunca serás vencido, Cristo es tu hijo». Sin embargo, esta frase es coherente con las creencias cristianas, ya que los luciferinos ganaron el debate y declararon que Jesús es el Hijo de Dios y Lucifer. Todo lo demás que vemos en las diversas denominaciones cristianas no son más que diferentes ramas del mismo absurdo profundamente arraigado. Este absurdo generalizado sugiere que, si crees en Jesús como Hijo de Dios, también crees que los milagros de la Santa Iglesia se realizan en nombre de Lucifer y que los luciferinos representan la verdadera rama del cristianismo.

¿No es irónico que la Inquisición torturara y quemara a miles de personas basándose en la misma premisa? Parece que la Santa Iglesia no es muy diferente de los sociópatas y narcisistas oportunistas que tratan de ocultar su maldad acusando falsamente, humillando públicamente y luego castigando sádicamente. ¿Por qué, entonces, les resultaría difícil a los cristianos aceptar que el Vaticano está implicado en abusos a menores y quizás en sacrificios rituales en cámaras ocultas? ¿No son estas prácticas coherentes con la fe? Tal vez sean más coherentes de lo que muchos cristianos admiten. De hecho, muchos estudiosos creen que el Jesús bíblico no fue arrestado por su fe, sino porque era un pedófilo implicado en prácticas rituales con niños. Así lo sugiere el Evangelio de Marcos (14:51-52), que afirma que Jesús fue arrestado en el Huerto de Getsemaní tras ser encontrado con «un joven que vestía solo un manto de lino», quien «huyó desnudo, dejando atrás sus ropas» tras el arresto de Jesús.

La palabra griega traducida como «joven» es neaniskos, que se asociaba a los adolescentes. Esto hace que Jesús se asemeje al profeta Mahoma, que se casó con Aisha, una niña de seis años. ¿Pero cuánto hemos avanzado desde entonces? En Irán, la edad legal para el matrimonio de las niñas es de 13 años; en Pakistán e Indonesia, de 16; y en Afganistán, más del 35 % de las niñas se casan antes de los 18 años, a menudo con 9 o 10 años. Esto suele hacerse con el consentimiento de la familia, que vende a sus hijas al mejor postor contra su voluntad. En otras palabras, la religión legitima y legaliza la pedofilia y la violación.

En cuanto a los crímenes cometidos por el cristianismo, según un informe de 2004 del John Jay College of Criminal Justice encargado por la Conferencia de Obispos Católicos de Estados Unidos, entre 1950 y 2002 unos 4392 sacerdotes fueron acusados de abusos sexuales, pero solo el 10 % fueron procesados y condenados a prisión. En Australia, la Royal Commission into Institutional Responses to Child Sexual Abuse reveló que 1880 sacerdotes que trabajaron entre 1950 y 2010 fueron acusados de abusos sexuales a menores, pero menos del 10 % fueron procesados y condenados a prisión.

Capítulo 20: Secretos revelados

Fundado en 2010 por el reverendo Kevin Annett —nominado al Premio Nobel—, el Tribunal Internacional para Crímenes de Iglesia y Estado pretende unir a supervivientes de genocidio y tortura de niños de todo el mundo, y construir un amplio movimiento político, espiritual y legal para desmantelar el Vaticano y otras iglesias y gobiernos responsables de crímenes históricos y actuales contra los niños y la humanidad. El tribunal halló pruebas presentadas ante el Tribunal de Derecho Común de Bruselas que indican que más de 50 000 niños desaparecidos son presuntas víctimas de un culto internacional de sacrificio de niños conocido como el Noveno Círculo. El fiscal jefe presentó al tribunal un documento de la orden católica de los jesuitas titulado Privilegio Magistral (fechado en diciembre de 1967), en el que se demuestra que cada nuevo papa estaba obligado a participar en los sacrificios rituales satánicos del Noveno Círculo, que incluían beber la sangre de niños recién nacidos.

«Los documentos de los archivos secretos del Vaticano presentados al tribunal también muestran claramente que, durante siglos, los jesuitas planearon premeditadamente asesinar a bebés recién nacidos secuestrados y consumir su sangre en rituales», dijo el fiscal jefe a los cinco jueces internacionales y a los 27 miembros del jurado. El plan nació de una retorcida noción: obtener poder espiritual de la sangre de los inocentes, lo que garantizaba la estabilidad política del papado en Roma. Estos actos no solo son genocidas, sino también sistémicos e institucionalizados. «Desde al menos 1773, parecen haber sido llevados a cabo por la Iglesia católica romana, los jesuitas y todos los papas» (Christianobserver.net). Sin embargo, todo esto está en consonancia con su sistema de creencias, porque si Cristo es el hijo de Lucifer, entonces es Molech, Baal y Bel-Marduk, la deidad a la que los babilonios ofrecían sacrificios de niños.

La mitra religiosa que llevan el Papa y sus obispos representa la cabeza de un pez en honor a Enki, el dios sumerio del agua, la creación y el conocimiento, también conocido como Lucifer en la interpretación moderna de esta historia. El mal uso de las palabras es abundante y, naturalmente, confuso, como cuando utilizamos la palabra «Dios» para representar lo contrario de «perro», es decir, lo contrario a una criatura cariñosa, leal y compasiva, y la utilizamos para caracterizar a un gobernante brutal y tiránico. Esto no es una coincidencia, teniendo en cuenta que en el culto Bohemian Grove, políticos y otras personalidades famosas participan en ceremonias de incineración ante un búho gigante de 12 metros que representa a Molech.

Entre las personalidades notables que han participado a lo largo de los años en esta tradición, en la que los miembros van desnudos y visten solo trajes blancos y negros, adoran a un búho y pasan unos días rodeados de prostitutas, se encuentran (por orden alfabético) Ambrose Bierce, Art Linkletter, Bret Harte, Calvin Coolidge, Charlie Chaplin, Charles Schwab, Clint Eastwood, Colin Powell, Douglas Fairbanks, Dwight Eisenhower, Frank Borman, George Bush Sr., Herbert Hoover, Jack London, Mark Twain, Pete Wilson, Richard Nixon, Ronald Reagan, Wally Schirra, Walter Cronkite y Will Rogers. También han participado Gerald Ford, Henry Kissinger, Dwight Eisenhower, Gerald Ford, Henry Kissinger, Gerald Ford, Gerald Ford, Henry Kissinger, Herbert Hoover, Jack London, Mark Twain, Pete Wilson, Richard Nixon, Ronald Reagan, Wally Schirra, Walter Cronkite, Will Rogers y William Howard Taft. La reina Isabel II de Gran Bretaña también estuvo presente en 1983. «Su Majestad fue honrada con una extática ceremonia de danza pagana, con costosos y elaborados elementos de atrezo como pirámides egipcias y zigurats babilónicos» (en Money for Power, de John P. Hunter III).

El propósito de adorar a este búho, en un ritual en el que se abandonan los sentimientos de compasión, empatía y amor por la vida humana, no es lo único que ocurre. Hay informes de orgías homosexuales salvajes con prostitutas implicadas en juegos sexuales extremos, niños pequeños explotados de formas indescriptibles, incluido el asesinato ritual a sangre fría. Hay informes de verdaderos sacrificios humanos en el «altar» de la estatua del Dios Búho (en Secret Societies, de Nick Redfern).

Es comprensible que todo esto resulte difícil de creer, hasta que el reportero Alex Jones consiguió infiltrarse y grabar el verdadero acontecimiento que estaba teniendo lugar. En esencia, líderes de todo el mundo y en diversas posiciones de poder están mostrando su lealtad a los dioses mediante la práctica de rituales que demuestran el abandono de la empatía, porque solo una pulsión psicopática de poder y contra la humanidad puede justificar la existencia de tales figuras en lugares de influencia. Así, podemos decir que no hay diferencia entre las suposiciones que se hacen sobre Molech, el dios del mal puro. Aunque podemos debatir si Jesús representa el bien o el mal, no hay duda de que en su nombre se perpetran muchas mentiras y abusos, manteniendo a las masas dóciles y obedientes, dispuestas a adorar a búhos gigantes y a participar en fiestas sexuales masivas.

Capítulo 21: Poder y fe

¿Se ha engañado a los cristianos para que adoren a Moloc, que se disfrazó de una figura mitológica llamada Jesús que nunca existió? ¿Existe un conflicto de fe cuando personajes públicos famosos afirman ser cristianos, pero luego son acusados de sacrificar niños y practicar la brujería?

En la antigua Babilonia, la gente adoraba a Moloc, sacrificándole niños, al igual que supuestamente hacía la exsecretaria de Estado de EE. UU., Hillary Clinton, según reveló Wikileaks a partir de correos electrónicos de 2009 al exasesor del presidente Barack Obama, John Podesta. El escándalo de los correos electrónicos Clinton-Podesta está lleno de referencias a la pedofilia y al satanismo, como «cocinar espíritus» y «sacrificar un pollo», que muchos afirman que es un código para referirse a los niños. El Salmo 106:34-43 dice lo siguiente sobre los babilonios: «Sacrificaron a sus hijos e hijas a los demonios, derramando sangre inocente, la sangre de sus propios hijos e hijas, que sacrificaron a los ídolos de Canaán, manchando la tierra con el derramamiento de sangre».

Ted Gunderson, exdirector del FBI, también presentó pruebas de que las élites mundiales están implicadas en el sacrificio de niños.

Dijo que existe una red internacional de tráfico de niños y pedofilia asociada a diversos rituales. Estos rituales incluyen la venta de niños como esclavos y su traslado en avión a Washington D.C., donde los políticos los utilizan en orgías sexuales. Con más de 100 000 niños desaparecidos cada año en Estados Unidos, Gunderson afirmó que el FBI es cómplice del encubrimiento. No es de extrañar que el caso de Hillary Clinton haya caído en el olvido. Según James Kallstrom, exdirector adjunto del FBI, Bill y Hillary Clinton forman parte de una «familia del crimen» que ha creado un cártel para sobornar e intimidar a las autoridades de alto rango cada vez que se investiga uno de sus delitos. También afirmó que Hillary Clinton es una «mentirosa patológica» y una delincuente sexual depredadora, y que Bill Clinton es un violador en serie cuyos delitos han sido encubiertos por sucesivas generaciones de funcionarios corruptos a sueldo de los Clinton.

Se dice que las imágenes encontradas en el portátil de Anthony Weiner (el marido de Huma Abedin, detenido en 2017 por mantener relaciones sexuales con una menor de edad) han hecho llorar, vomitar y buscar ayuda psicológica a algunos de los policías más duros de la policía de Nueva York. Según algunas fuentes, el vídeo muestra a Hillary Clinton y Huma Abedin violando, mutilando y aterrorizando a una niña prepúber, haciendo que el cuerpo de la menor libere adrenocromo en su torrente sanguíneo antes de desangrarla y beber su sangre en un ritual de sacrificio satánico. Según personas familiarizadas con la droga favorita de la élite, beber esta sangre produce un efecto «intenso» y «exótico».

Tanto si forma parte de un sacrificio de sangre como si no, la moda de beber sangre está creciendo en todo el mundo y se está convirtiendo en un gran negocio. «Comunidades de gente corriente —enfermeras, personal de bar, secretarias— beben sangre humana con regularidad» (BBC.com). Según la genetista del University College de Londres, Dame Linda Partridge, «la investigación demuestra que la sangre joven podría permitir a las personas vivir libres de enfermedades como el cáncer y las cardiopatías hasta la muerte» (The Times). Los investigadores de la empresa emergente Ambrosia observaron mejoras en los biomarcadores de diversas enfermedades después de que setenta participantes en un estudio recibieran plasma (el principal componente de la sangre) de voluntarios de entre dieciséis y veinticinco años. Otra empresa emergente, Elevian, anunció que había recibido una inversión de 5,5 millones de dólares para apoyar su planteamiento. Ambrosia ofrece actualmente plasma sanguíneo de adolescentes a clientes de más edad a un precio de 8000 dólares por dos litros y medio. ¿Acaso las religiones no son más que organizaciones inventadas para ocultar las perversiones del mundo que nunca han dejado de existir?

Además, ¿por qué siguen utilizando el nombre de Jesús cuando no hay ninguna prueba secular del siglo I que apoye la existencia de alguien llamado Yeshua Ben Yosef? Aunque el período en el que se dice que existió Jesucristo es uno de los más documentados de la historia antigua, prácticamente no hay pruebas históricas de su supuesta existencia en ningún registro histórico contemporáneo, lo que sin duda no pasaría desapercibido si realizó tantos milagros.

Bart Ehrman, profesor de estudios religiosos en las universidades de Carolina del Norte en Chapel Hill y de Rutgers, dijo: «Por extraño que parezca, no hay mención de Jesús por ninguno de sus contemporáneos paganos. No hay actas de nacimiento, transcripciones de juicios, certificados de defunción, muestras de interés, calumnias acaloradas, referencias de pasada... nada. De hecho, si ampliamos nuestro campo de interés a los años posteriores a su muerte —incluso si incluimos todo el primer siglo de la era común—, no hay ni una sola referencia a Jesús en ninguna fuente no cristiana ni judía de ningún tipo». Ehrman añade: «Disponemos de un gran número de documentos de la época, como los escritos de poetas, filósofos, historiadores, científicos y funcionarios del gobierno, por no mencionar la gran colección de inscripciones en piedra, cartas privadas y documentos legales en papiro que han sobrevivido. En ninguno de estos escritos se menciona siquiera el nombre de Jesús».

Alex Collier explicó: «Constantino estaba tan ocupado quemando los recursos del Imperio romano y poniendo fin a las guerras religiosas que decidió crear una religión estatal. Entonces tomó las religiones de Occidente, que adoraban a Isis, y las religiones de Oriente, que adoraban a Krishna, y las juntó, creando el «Isos-Kristos», que hoy conocemos como Jesucristo» (En defensa de lo sagrado).

Capítulo 22: La Trinidad desenmascarada

El problema fundamental al que se enfrenta el Concilio de Nicea es que, al separar a Cristo de Dios, se le etiqueta como a un profeta más, como pretende la fe islámica, y se corre el riesgo de provocar la desaparición de la Iglesia cristiana. Esta separación también aleja al cristianismo de sus raíces sumerias y babilónicas, da más importancia a las enseñanzas de los primeros gnósticos y provoca más controversias entre los grupos religiosos que pretendían suprimir. Además, al afirmar que Dios es uno, pero no el mismo que Jesús, los valores de las enseñanzas cristianas pasan a ser relativos a las interpretaciones de cada grupo rival.

Según Everett Ferguson, «la inmensa mayoría de los cristianos no tenía una visión clara de la naturaleza de la Trinidad y no comprendía la importancia de las cuestiones que la rodeaban» (Historia de la Iglesia, volumen 1). Aunque los protoortodoxos ganaron disputas anteriores, fueron declarados herejes no porque lucharan contra ideas consideradas teológicamente correctas, sino porque sus posturas no alcanzaban la precisión y el refinamiento requeridos por la fusión de varias proposiciones contradictorias aceptadas simultáneamente por teólogos ortodoxos posteriores. Bart Ehrman sostiene que por eso la Trinidad es un concepto tan absurdo, irracional y, sin embargo, necesario. Si eso tiene algún sentido, la idea de una Trinidad tuvo que ser aceptada para que hubiera acuerdo entre los desacuerdos.

La decisión final tuvo más que ver con la supervivencia de la Iglesia cristiana que con la lógica, y los luciferinos acabaron justificando su nombre con la creencia de que Cristo era la representación de Moloc en la Tierra y que la ascensión a Lucifer solo podía hacerse a través de Cristo. Y aunque esto no significa que los cristianos sean malos por adorar a Moloc a través de la figura de Jesús y los símbolos sexuales mediante el uso de la cruz, muchos de ellos, y casi todos los que yo he conocido, son muy malos de hecho. Es difícil no dejarse influenciar por un engaño maligno cuando participas en él voluntariamente. Sería como decir que hay gente compasiva en el ejército que no quiere matar a nadie.

La razón por la que el cristianismo acepta las predisposiciones malvadas de sus miembros se explica por los dogmas de su sistema de creencias y la forma en que está construido, porque solo aquellos que no se atreven a cuestionar y participan voluntariamente en un culto de obediencia y figuras infantiles se sentirían atraídos por una ideología que perpetúa actitudes de tan baja vibración. Estos individuos de baja vibración son igualmente manipulables a través de su predisposición basada en el miedo, sin que se les exijan exigencias. Se trata de una mentalidad infantil en la que las ideas de un Dios presentado como una figura paterna encajan bien con la deficiencia cognitiva de sus seguidores.

Siempre que alguien desciende a la vibración del miedo —miedo a no ser aceptado por una comunidad cristiana, miedo a lo que piensen los demás, miedo a no ir al cielo, miedo a no ser elegido en un supuesto rapto al cielo, entre otros—, deja de ser un cocreador, una luz resplandeciente de la creación, y se convierte en una criatura de las tinieblas, sujeta a la apatía y a un papel pasivo en los acontecimientos que se desarrollan ante ella. Se convierte en voluntario de su propia esclavitud y decadencia espiritual. Cuando alguien espera ser salvado por alguna misteriosa fuerza externa que manipula y reduce su potencial cognitivo, abandona la conciencia, la responsabilidad y la creatividad espiritual, que son exactamente las vibraciones opuestas que se manifiestan en un ser humano.

Este individuo desciende a la vibración más baja, que es la apatía, el estado mental más cercano a la muerte, razón por la que tantos cristianos parecen desearla, a menudo por encima del deseo de hacer el bien a los demás. Quienes viven en el miedo y el terror son fácilmente manipulables, porque sus pensamientos se basan en la supervivencia y el instinto. Su atención se centra en sus propias necesidades. Su cerebro reptiliano está constantemente estimulado, lo que explica por qué muchas personas religiosas parecen ser racistas y hostiles con otras religiones. Se dejan llevar por la parte del cerebro que les dice que sus vidas están en peligro, que hay fuerzas contrarias a ellos y que su existencia es más importante que la de los demás.

Esta mentalidad es la que llevó a los europeos a luchar contra los musulmanes en la Edad Media y luego les hizo creer que cualquiera que no fuera cristiano era una amenaza, justificando así el genocidio de muchas tribus en América del Norte y del

Sur. También llevó a la persecución de budistas e hindúes como adoradores del diablo y a una falta de empatía con los miembros de estos grupos religiosos. La mayoría de los cristianos están tan atrapados en la ola del miedo que ven a los extraterrestres como espíritus demoníacos que descienden del cielo y su tecnología de cambio de forma como prueba de ello, lo que les hace no muy diferentes de los cazadores de brujas de siglos pasados, que veían la lectura de cualquier libro que no fuera la Biblia como una práctica de adoración al diablo.

Lo que quiero decir es que su religión no es lo que ellos piensan, afirman o les han enseñado a pensar que es, ni nunca lo ha sido. Las personas más viciosas, mentirosas, calumniadoras, psicológicamente abusivas, incivilizadas y ofensivas que he conocido en mi vida han sido cristianos de diversas denominaciones y religiones. Su nivel de resentimiento y odio, oculto tras una fachada de falsa amistad, es inconcebible. Sin embargo, parecen tan confundidos como necesitados de terapia, porque no muestran compasión por los demás. Creen que la compasión está condicionada al dogma que defienden y que solo la merecen quienes pertenecen a su misma congregación.

Los dogmas que siguen los cristianos no les hacen mejores, sino más arrogantes, narcisistas y egoístas. Y no hay mayor demostración de ello que escuchar a la gente en las protestas en Polonia afirmando que no quieren árabes en su país porque Polonia es una nación cristiana. Estos cristianos polacos parecen demasiado estúpidos como para darse cuenta de que Jesús también era árabe. No sería bienvenido en este país, que lo retrata como un hombre blanco de pelo rubio y donde los lugareños desprecian a cualquiera que no sea de piel blanca.

Polonia es uno de los muchos ejemplos de lo que la mala interpretación religiosa y la estupidez pueden hacer a toda una nación, que debería desaparecer para que sea posible un futuro mejor para los pueblos del mundo. Además, no se debe permitir que sigan fomentando divisiones basadas en una idea ilusoria de supremacía racial, como hicieron durante la ocupación nazi. Sin embargo, el cristiano europeo y estadounidense medio de hoy no estaría dispuesto a sentarse junto a alguien de apariencia palestina, alguien que probablemente se parece al Jesús que dicen seguir.

El cristianismo moderno está lleno de racistas y de una estupidez absoluta. He conocido a muchos religiosos en Estados Unidos y en países europeos que dicen ser cristianos, pero son extremadamente racistas. Eso no tiene ningún sentido. Sin embargo, el racismo puede ser tan obvio que los cristianos ni siquiera intentan ocultarlo, como cuando entré en una catedral de Londres con una chica blanca y rubia a mi lado. Inmediatamente intentaron hablar con ella y reclutarla, ignorándome por completo. He sido testigo de este tipo de comportamiento muchas veces. No se puede ser cristiano y racista, a menos que seas un psicópata, un hipócrita o extremadamente estúpido. Esas tres palabras describen con precisión a los cristianos modernos.

Capítulo 23:
El cristianismo desenmascarado

Los cristianos más devotos suelen ser personas muy malas, porque el cristianismo, tal como se practica, fomenta la división y la desconfianza entre los cristianos y los demás miembros de la sociedad. Construye cultos y comunidades cerradas en torno a la idea de la superioridad moral e incita a mensajes subliminales de odio contra los no cristianos y los no blancos, especialmente en comunidades en las que se representa a Cristo como un símbolo de la supremacía blanca, cuando en realidad es un hombre palestino.

He participado en docenas de grupos cristianos diferentes a lo largo de varias décadas y puedo decir sin lugar a dudas que los cristianos son algunas de las personas más malvadas que he conocido. Su maldad no siempre es visible para los demás; proviene de su desprecio por los diferentes puntos de vista, su resentimiento hacia quienes les hacen preguntas que no pueden responder, sus opiniones racistas y el comportamiento tóxico asociado a sus dogmas e interpretaciones de la Biblia. En particular, sus puntos de vista sobre el final de los tiempos y la alegría que sienten al describir la muerte de otras personas para su ascensión resultan perturbadores y les otorgan una sensación de superioridad ilusoria, similar a la que se observa en personas con trastorno narcisista de la personalidad.

En cuanto al regreso de Dios-Lucifer de las religiones judeocristianas, que muchos esperan, tengo malas noticias: Dios ha muerto. Según los relatos sumerios, Enki, o Lucifer, fue asesinado por su hermano Enlil. Su tumba se encuentra en Marte. Enki no volverá para salvar a la humanidad. Si lo hiciera, sería una puesta en escena destinada a mantener a la humanidad en la servidumbre total. A menos, claro, que estemos hablando del regreso de su reencarnación, que se ajusta más a las creencias modernas y antiguas. Eso sí tendría sentido, pero el problema es que los cristianos no creen en la reencarnación. Han construido una historia mucho más ilógica que la de los antiguos, que al menos tenían formas más convincentes de racionalizarla.

Como explica William Bramley en Gods of Eden, «la humanidad parece una raza esclava que languidece en un planeta aislado de una pequeña galaxia. De este modo, la raza humana fue en su día una fuente de mano de obra para una civilización extraterrestre y sigue siéndolo en la actualidad. Para mantener el control sobre su posesión y conservar la Tierra como una especie de prisión, esta otra civilización ha generado interminables conflictos entre los seres humanos, ha promovido la decadencia espiritual y ha creado unas condiciones físicas implacables. Esta situación ha persistido durante miles de años».

Tras la muerte de Lucifer, los dioses intentaron eliminar las rivalidades entre ellos y devolver a la humanidad a su antiguo estado de servidumbre. Para ello, los representantes de Lucifer introdujeron el monoteísmo y varias religiones para confundir a las masas. Para que este plan tuviera éxito, los rituales dedicados a Lucifer, que se suponía que representaban la liberación de la opresión, fueron reinterpretados colectivamente como una forma de demostrar servilismo hacia los dioses. Así, el bautismo, en lugar de ser un ritual de liberación espiritual dedicado a Lucifer, se convirtió en un ritual de esclavitud a los dioses. Los símbolos de Lucifer también se han desviado de su verdadero significado y ahora se asocian con el mal, como la serpiente.

Lucifer no solo era un científico, sino también un dios sacerdote, a menudo representado como una serpiente, ya que este es el símbolo de la ascensión espiritual. La serpiente era el símbolo de su religión y todavía se asocia en la India con la energía kundalini, que representa el ascenso de nuestra energía vital a través de los chakras del cuerpo. Esta información se suprimió y todo lo relacionado con la serpiente terminó siendo odiado y temido, como en el significado bíblico atribuido a la reacción de Dios ante la serpiente en la alegoría. Lo que una vez fue una religión de iluminación se corrompió y se convirtió en una religión de dogma, superstición y miedo apocalíptico. Así, la humanidad fue engañada y llegó a temer las mismas enseñanzas que la conducirían a la iluminación. Al autodenominarse «uno», los dioses sustituyeron el antiguo culto a Lucifer.

Desde entonces, las verdaderas enseñanzas del Espíritu han sido corrompidas u ocultadas. Este ha sido el caso con todos los nuevos grupos que han intentado educar a la humanidad en los misterios ocultos, incluidos aquellos que afirman ser vástagos de la Ilustración egipcia. El satanismo, que se suponía que era una oposición a la esclavitud y la ignorancia promovidas por las enseñanzas bíblicas, se ha convertido en una religión de odio, víctima de los trucos de la fe cristiana. El budismo, en su esencia, ha conservado durante mucho tiempo las enseñanzas originales de alcanzar el nirvana a través de una práctica que aumenta la conciencia. Hoy, sin embargo, ocurre exactamente lo contrario: muchos budistas están convencidos de que el propósito del budismo es no tener pensamientos y convertirse en nada, desligándose de todo.

Aunque podemos debatir si Cristo existió realmente o fue solo una invención griega, no cabe duda de que las enseñanzas gnósticas asociadas a esta figura buscaban iluminar y liberar a la humanidad de la ignorancia mediante enseñanzas paralelas a las de Buda. Por ello, muchos budistas pensaron que podía ser el segundo Buda, destinado a continuar las enseñanzas originales, ya que el mensaje de amor y confianza en uno mismo era el mismo, y ambos hablaban de una fuerza creadora en el universo. Sin embargo, estas enseñanzas se perdieron durante casi dos mil años y, una vez encontradas, fueron completamente ignoradas por quienes dicen seguir el cristianismo. Los cristianos modernos siguen el dogma y no les importa la verdad, sobre todo si esta les contradice.

Dado que no existe el bien y el mal, sino un proceso de ascenso en el que la mayor parte de la humanidad se encuentra en la base, las religiones abrahámicas han mantenido a la humanidad en la oscuridad sobre su naturaleza y potencial. La locura propagada por estos grupos funciona como un espectáculo de marionetas que promueve la división, el resentimiento, la dualidad y el antagonismo, y está dirigido por los mismos titiriteros que llevan miles de años interpretando ambos papeles en este espectáculo. Explotando la polaridad entre el miedo extremo y la obediencia absoluta, este grupo consigue mantener el control sobre las masas crédulas, extremadamente ignorantes y primitivas, que suplican ser esclavizadas en una actitud completamente servil hacia quienes ellos creen que son sus salvadores.

Capítulo 24: Abraham engañado

Es fácil engañar a la gente, porque las religiones abrahámicas no son más que un teatro de tonterías. Todo lo que tienen que hacer es convencer a la gente de que están interactuando con Dios, demonios o ángeles, y reproducir algunas imágenes holográficas que representen lo que tienen en mente. No sería difícil suponer que alguien pudiera viajar en el tiempo, mostrar un holograma con la apariencia de un ángel a un hombre antiguo y hacerle creer cualquier cosa. Sin embargo, a diferencia de las creencias modernas, los escritos antiguos no ocultan el hecho de que estos ángeles eran visitantes de otros planetas, no siempre con las mejores intenciones hacia la humanidad.

Basándonos en estos hechos, podríamos preguntarnos si el Vaticano es responsable tanto de invitar a fuerzas malignas como de entrenar a exorcistas para luchar contra ellas, del mismo modo que la CIA y el Mossad entrenan a organizaciones terroristas con la intención de derrocar regímenes que no quieren mantener en el poder y luego envían a sus tropas a luchar contra estos grupos cuando estas organizaciones se vuelven poco cooperativas. Varias investigaciones, sobre todo las reveladas por el reportero

Gary Webb, han demostrado también que la CIA abastece a los traficantes de drogas de las principales ciudades estadounidenses y utiliza el dinero de la droga para financiar operaciones ilegales, mientras asesina lentamente a la población de bajos ingresos del país.

Este juego del gato y el ratón mantiene a las masas distraídas por su propia necesidad de sobrevivir: divididas, asustadas y, sobre todo, obedientes. Cuando esto no es suficiente para mantenerlas obedientes y bajo control, la CIA droga e hipnotiza a los criminales a través de diversos proyectos, como el MK-Ultra, para que cometan exactamente aquello de lo que la CIA ha jurado proteger al pueblo: tiroteos masivos. El pánico general es una excelente estrategia para mantener a la gente en casa y distraída, impidiendo que interfieran en asuntos más importantes.

Ilusionistas como Derren Brown han demostrado lo fácil que es hipnotizar a una persona cualquiera en la calle para que se crea cualquier cosa, incluso un simple juego de arcade. Como han demostrado muchos ilusionistas, la gran mayoría de la población es susceptible a la hipnosis y creerá cualquier cosa que le digas. Estas tácticas son similares a las utilizadas a lo largo de la historia para crear a muchos supuestos mesías y profetas. Por ejemplo, Mahoma estaba semiinconsciente o en trance cuando el ángel Gabriel le ordenó «¡Recita!» y grabar el mensaje que iba a darle. La orden del ángel a Mahoma era similar a la dada anteriormente a Ezequiel en el Antiguo Testamento y a Juan en el Libro del Apocalipsis. Cuando despertó, Mahoma parecía tener la impresión de que las palabras del ángel estaban «escritas en su corazón», lo que indicaba que había sido drogado y programado psicológicamente para transmitir los mensajes que había recibido.

La misión de Mahoma era crear una nueva religión llamada islam, que significa «rendición», un paso más en la idea monoteísta de obedecer al «único Dios». Así, los seguidores del islam deben «someterse» a Dios, y como los miembros de esta fe se llaman «musulmanes», es decir, los que se someten, forman otro grupo de ovejas obedientes, ciegas e ignorantes. Mahoma también dijo que «Alá» es el mismo Dios que el Jehová judío y cristiano. Así que la intención de crear otro grupo de esclavos para enfrentar a la gente estaba clara. Estos dioses crearon deliberadamente diferentes religiones monoteístas para mantener a la gente en guerra constante y fortalecer su fe en la religión de la esclavitud que habían elegido.

Todas las religiones abrahámicas tienen el mismo propósito y, al menos tal como se presentan, el monoteísmo se creó para mantener a la gente en guerra en nombre de la mentira. Esto se evidencia por los nombres hebreos de Dios: Adonai y Elohim, ambos plurales, no singulares, así como la palabra Jehová, que viene de la palabra Adonai, y la palabra Alá, que significa Jehová.

Paul Anthony Wallis explica que, si traducimos la palabra Elohim en su significado original, en lugar de como lo hacen actualmente los traductores, no se refiere a Dios en ninguno de los dos casos. Y si nos alejamos de estas elecciones arbitrarias, porque son arbitrarias, solo en función de lo que ocurre en la acción se determina cuál de estas palabras se elige... ¿Y si solo utilizamos el significado de la raíz? ¿Cómo cambiarían las historias? En el momento en que se hace esto, las historias cambian, pero no al azar; es la forma en que cambian lo que las asemeja a las antiguas historias sumerias, babilónicas, acadias, asirias y a las historias ancestrales de las culturas de todo el mundo. De repente, queda claro que las historias bíblicas de los poderosos son un recuento de las historias sumerias del pueblo celestial o de las historias mayas de los que hicieron al hombre. No son historias sobre Dios. No se menciona a Dios. Estas historias son el recuerdo del contacto entre nuestros antepasados y visitantes extraterrestres que vinieron de otro planeta, colonizaron la Tierra y modificaron genéticamente a nuestros antepasados para que trabajaran para ellos. Esta es la historia oculta en la Biblia. Si haces un solo cambio en la traducción, la historia te mira a la cara» (Jeff Mara, en su podcast).

Capítulo 25: Extraterrestres y orígenes

Los cristianos siguen inadvertidamente una religión alienígena y adoran las fuerzas duales manifestadas por estas entidades. Buscan y evitan las mismas energías, como si el bien y el mal fueran solo diferentes expresiones emocionales de estas entidades. Como explica Paul Anthony Wallis: «En el momento en que tienes dos entidades discutiendo sobre lo inteligentes que deberían ser los seres humanos y la entidad traducida como Dios quiere seres humanos tan poco inteligentes que ni siquiera sepan que están desnudos, se muestra lo interesado que está el personaje de Dios en el progreso humano. En el momento en que haces el trabajo de traducción, te das cuenta de que esta no es la historia de Dios y el Diablo enfrentándose, sino la historia de los Poderes que discuten entre ellos sobre lo inteligentes que quieren que sean los seres humanos. Y hay una persona, una facción, que se separa del grupo y dice: "Hagamos una mejora: llevémoslos de completamente masculinos a masculinos y femeninos, llevémoslos de estériles a fértiles, llevémoslos de poco inteligentes a inteligentes"; y, después de que la mejora se vea afectada, hay un gran conflicto al respecto».

Esta narración refleja historias presentes en textos sumerios, griegos, nórdicos y mesoamericanos. Estas historias paralelas están presentes en todo el mundo. Si hay alguna duda de que el Dios abrahámico es una multitud de seres extraterrestres, las descripciones de Ezequiel pueden disiparla. Ezequiel nos dice: «Vi visiones de Dios. Y miré, y he aquí un torbellino que venía del norte, una gran nube y fuego centelleante, y resplandor alrededor, y de en medio de ella brillaba algo como metal amarillo. De entre ellos salieron cuatro seres vivientes. Y este era su aspecto: parecían hombres. Tenían los pies derechos y la planta de los pies como la de un ternero; brillaban como bronce bruñido. Tenían manos humanas debajo de sus alas de cuatro lados. Sus alas estaban unidas entre sí, pero no se dieron la vuelta al andar, sino que avanzaban en línea recta. En cuanto al aspecto de sus caras, tenían cara de hombre, y cara de león a la derecha, y cara de buey a la izquierda, y cara de águila. Cuando salieron, oí el ruido de sus alas, como el ruido de muchas aguas, como la voz del Todopoderoso, como el ruido de un ejército. Cuando se detuvieron, bajaron sus alas. Y una voz salía de la cubierta de cristal que les cubría la cabeza, mientras sus alas subían y bajaban» (1:1-25). La voz dijo a Ezequiel que era «el Señor, su Dios» (Ezequiel 2:4).

Ezequiel describe al Dios abrahámico como muchos, representados como uno solo, no como seres simbólicos ni angélicos, sino como seres reales con apariencia humana. Observa que no son tan misteriosos como los presenta la religión. Según él, la «gran nube» en la que viajaban era claramente de «metal».

Las criaturas parecían personas corrientes o «a semejanza de los hombres», y probablemente llevaban botas, ya que utiliza el término «pata de ternero» para referirse a sus sandalias. Nunca había visto unas botas así. También menciona que tenían «manos humanas» y que viajaban en un vehículo con «alas de cuatro lados», similar a un dron moderno. Estas descripciones se referían a un vehículo que, para Ezequiel, formaba parte de Dios. Como muchos antes que él, Ezequiel engloba todo bajo la palabra «Dios» en su descripción, incluidos vehículos, naves espaciales y extraterrestres, aunque distingue claramente a los seres, que parecen humanos. La descripción de Ezequiel concuerda con otras de la Biblia que sugieren que Jehová, Elohim, Dios o cualquier otro nombre que le demos se refiere a seres extraterrestres de aspecto humano que vuelan en naves espaciales.

El temperamento de estos dioses también es similar al de los humanos, en el sentido de que solo se regocijan con la servidumbre absoluta y se enfadan ante la desobediencia. Ordenan el genocidio de poblaciones enteras que no les obedecen, llevando así a la civilización a su estado actual, dominada por humanos bajo su control y el de su sacerdocio. Esto demuestra claramente que no les interesa la liberación ni la ascensión espiritual de la humanidad. De hecho, este grupo es tan increíblemente psicópata, narcisista y cruel que algunos se han preguntado si realmente proceden de una civilización avanzada o si son una proyección de nuestro propio futuro. Desde luego, no hay razón para adorarlos ni para construir religiones en torno a la obediencia ciega a sus falsas enseñanzas, diseñadas para mantener a la humanidad ignorante y sumisa.

Las religiones que estos seres promueven para sus profetas parecen ser actualizaciones constantes de su intención de mantener ignorante a la humanidad, al tiempo que utilizan a estos nuevos grupos para exterminar a los anteriores, considerados indeseables. Por eso los cristianos persiguieron a los judíos y a otros grupos cristianos considerados menos obedientes y más interesados en la ascensión espiritual, como los cátaros. Más tarde, los musulmanes intentaron hacer lo mismo con todos los demás grupos, incluidos cristianos y judíos. Toda religión que procede del mismo linaje acaba convirtiéndose en exactamente lo contrario de lo que pretende ser: no es una religión de amor y sabiduría, sino de genocidio e intolerancia.

La obediencia ciega que propone el islam es mejor que la obediencia ciega cristiana, que es más opresiva que la del judaísmo. El judaísmo, por su parte, se aleja del enfoque más científico, espiritual y ético de la espiritualidad presente en las escuelas místicas de Egipto. Cada nueva religión promovida por estos extraterrestres busca ser más opresiva, intolerante, ignorante y represiva que la anterior. La obediencia ciega a estos dioses justifica la matanza de inocentes. Por eso, cuando Israel bombardea Palestina y asesina a miles de niños, como vemos ahora y en los últimos años, el resto del mundo, especialmente los de ascendencia cristiana o judía, permanece en silencio y solo protesta cuando se ataca a un país dominado por su ideología religiosa. Esta hipocresía y desprecio por la vida inocente, especialmente la de los niños, muestra claramente lo que representan estas religiones.

Capítulo 26: La crueldad de Dios

Cualquiera con una mente perspicaz debería reconocer la crueldad del Dios bíblico al leer pasajes como Josué 10:40: «No dejó a nadie, sino que destruyó por completo todo lo que respiraba, como lo ordenó Yahveh, el Dios de Israel». Según la Biblia, los habitantes de esta región estaban condenados a muerte por desobedecer a Dios. Esto justificó la elección de los hebreos más obedientes como favoritos de Jehová. Si quienes leen estas cosas en sus libros sagrados no ven nada malo e incluso piensan que estas acciones están justificadas, entonces los seguidores de este Dios se encuentran en un estado psicótico.

Si seguimos el razonamiento de muchos cristianos estadounidenses y sionistas israelíes, y suponemos que los caucásicos son más fieles a su origen como pueblo de Dios o esclavos ideales, también debemos suponer que los caucásicos, que son los que más se parecen a este grupo de seres de Jehová, se diferencian de los demás humanos por ser los más crueles, obedientes, estúpidos y fácilmente manipulables. Esto significa que los caucásicos tienen menos potencial para ascender y abandonar la Tierra. Sin embargo, también significa que son los depredadores más adecuados para heredar una Tierra dirigida por estos alienígenas. Esto les sitúa en lo más bajo de la jerarquía humana, independientemente de lo violentos que hayan sido con los demás. La falta de compasión de los caucásicos es evidencia de su estado espiritual inferior.

La verdadera naturaleza y habilidades de cada ser espiritual han sido oscurecidas por doctrinas que afirman que solo un Ser Supremo puede disfrutar de una existencia espiritual pura y un potencial espiritual ilimitado, y que este Ser Supremo tiene la piel blanca. Como resultado, vemos racismo incluso en culturas donde no tiene sentido, ya que la evolución ha hecho que las características físicas de estas personas sean más oscuras para que puedan protegerse de la luz solar y adaptarse a la humedad tropical.

Esta mentalidad redirige las posibilidades y oportunidades que las personas ya tienen dentro de sí hacia una fuente externa, limitándolas únicamente basándose en la religión y la apariencia. Así, se vuelven vulnerables a cualquier manifestación espiritual o truco científico que pueda utilizarse contra ellos, ya sea por parte de una entidad alienígena o de otros con tanto poder y tecnología. Este estado mental no solo niega a las personas su propio potencial espiritual para la iluminación, sino que también las mantiene en un ciclo perpetuo de reencarnación en la Tierra, sobre todo porque se les dice que la reencarnación es un engaño y que no es real, por lo que no investigarán el asunto por miedo a las repercusiones. Es la misma actitud que tenían los esclavos en el Edén cuando se les dijo que la sabiduría era algo malo.

¿Qué tan lejos de la verdad hay que estar para pensar así? Quienes todavía creen esto no están muy lejos de los primates de la selva. Este tipo de engaño pone a la gente a merced de sus predicadores, quienes, como es lógico, a menudo abusan de este poder, ya sea extorsionando grandes sumas de dinero a sus seguidores o cometiendo violaciones contra mujeres y niños.

Las religiones abrahámicas se han convertido en una sofisticada forma de manipulación de masas que permite el uso de tecnología avanzada para explotar las fantasías y expectativas de la infancia. Al hacerlo, han impedido que la gente acceda al verdadero conocimiento interior y han hecho que dejen de interesarse por leer cualquier cosa que no esté dentro de las tapas de sus libros religiosos. La religión se ha convertido en sinónimo de estupidez, ignorancia espiritual y fe ciega. Y ello a pesar de la abundancia de pruebas que describen a este Dios como un ser extraterrestre.

En el Antiguo Testamento, por ejemplo, está escrito: «Hubo truenos y relámpagos y una densa nube sobre la montaña, y el sonido de la trompeta fue muy fuerte; y todo el pueblo que estaba en el campamento tembló. Entonces Moisés sacó al pueblo del campamento para ir en busca de Dios y se detuvieron al pie del monte. El monte Sinaí estaba completamente cubierto de humo, porque el Señor había descendido sobre él en fuego; y el humo del fuego subía como el humo de un horno, y todo el monte temblaba en gran manera» (Éxodo 19:16).

Puedes creer en nubes voladoras y fuego del que desciende un dios si prefieres la versión fantástica, o puedes ir más allá de tu cerebro infantil y ver las cosas como son. Tecnología

OVNI. Esta tecnología OVNI produjo ciertos sonidos descritos como «relámpagos y sonido de trompeta» (Éxodo 19:16). Estas escrituras también nos dan una descripción clara de cómo Dios viajaba en una nube, cuando dicen: «El Señor iba delante de ellos [las tribus hebreas] de día en una columna de nube para guiarlos por el camino, y de noche en una columna de fuego para alumbrarlos; iba de día y de noche; no quitaba la columna de nube de día, ni la columna de fuego de noche, de delante del pueblo» (Éxodo 13:21-22).

Evidentemente, la columna de fuego se refiere aquí a las luces procedentes del interior de la nave espacial, porque la aparición de este fuego o de las luces de la nave espacial se menciona en muchos relatos sobre la presencia de Dios. Así, los seguidores de las fantasías abrahámicas fueron engañados y oraron por su propia esclavitud, como lo demuestra la «mentalidad de oveja» que refuerzan en sus congregaciones al afirmar que Dios es su pastor. Imagina una religión en la que la gente repita semanalmente: «Soy un ser ignorante sin libre albedrío y Dios me guía porque no puedo pensar por mí mismo; solo soy una oveja tonta».

Puede que los cantos y mantras de las religiones abrahámicas no parezcan tan obvios, pero encajan en esta premisa de un modo u otro. El ritual caníbal de beber vino como si fuera sangre y comer pan como si fuera el cuerpo de Jesús no tiene nada que ver con la admiración por las enseñanzas de un hombre y mucho con la falta de respeto por su existencia. Quienes dicen lo contrario intentan convencerte de que la mejor manera de recordarle después de muerto es fingir que comes su cuerpo y bebes su sangre.

¿Qué pasaría si te asesinaran con un palo y la gente utilizara la misma arma para celebrar tu muerte? ¿Y si te llamaras Emmanuel, pero te llamaran cerdo? Porque eso es lo que significa Jesús en latín: «cerdo de la tierra» (de la combinación de «je» o «ge», que significa «tierra», y «sus», que significa «cerdo»). Luego están los cristianos renacidos con absurdos aún más radicales, como los Testigos de Jehová, que en realidad esperan el fin del mundo para renacer en el paraíso. Es como decir: «Por favor, mátennos a todos para que podamos ver lo maravillosa que es la otra vida». Esta actitud no es muy diferente de la adoptada por el Templo del Pueblo de Jonestown en Guyana, otro grupo abrahámico de cristianos renacidos que pensaban lo mismo y que se aisló de la sociedad sin confiar en nadie más que en sus propios miembros antes de suicidarse en masa.

Capítulo 27: Tácticas al descubierto

Muchos consideran que los Testigos de Jehová no son solo otra rama extremista de las religiones abrahámicas, sino también una versión actualizada de una secta suicida. Después de más de veinte años de interactuar con sus miembros y asistir a sus reuniones, he llegado a la conclusión de que emplean tácticas manipuladoras comparables a las de la CIA. Están entrenados en métodos manipuladores de control mental para reclutar nuevos miembros y mienten deliberadamente para atraer a más gente al grupo, justificando estas mentiras como actos de fe. También son extremadamente paranoicos con cualquier extraño que quiera aprender de su grupo. Realizan intensos controles de la vida personal de cada uno, lo que va más allá del maltrato psicológico y desemboca fácilmente en el acoso. Utilizan el acoso para controlar a sus miembros. Numerosos relatos públicos de víctimas de este grupo corroboran esta afirmación.

Una mirada más atenta revela una ideología muy paranoica y apática. Esto es precisamente lo que quieren los seguidores de esta ideología. Nunca inician guerras, sino que las acogen como una señal de que el paraíso está cerca. Este placer sádico por la guerra resulta inquietante desde un punto de vista psicológico, pero no es tan alarmante como el panorama más amplio de los cristianos renacidos, que sobrepasa los límites de lo absurdo. Las nuevas formas de cristianismo no son más que un lavado de cerebro masivo que devuelve a la gente a visiones anticuadas y absurdas del cristianismo, haciendo que se comporten como ovejas apáticas que adoran a una figura sacrificial mientras celebran con el arma que lo mató y fingen comerse su cuerpo. Si yo fuera un psicópata y quisiera crear una religión, esta sería estupenda. Incluiría canibalismo, rituales de beber sangre, burlarse de un profeta celebrando su muerte y un grupo de personas repitiendo mantras y canciones degradantes.

El Imperio romano no pudo derrotar a los antiguos cristianos masacrándolos, así que tuvo que corromperlos desde dentro destruyendo la religión. El cristianismo actual, con todas sus ramificaciones de engaño masivo, tiene poco que ver con las enseñanzas originales. Sin embargo, como ya he observado, a la gran mayoría de la gente no le interesa la verdad. Esta verdad nos muestra que todos los dioses son referencias hechas por el ser humano a extraterrestres, aunque hay un Dios, una conciencia viva en el universo, un Creador que une a las muchas familias interplanetarias. Esta idea es rechazada en favor de cierto grupo de seres que se alimentan de las ilusiones enfermizas de los humanos. La gente está tan alejada de la realidad que cree que la estrella de cinco puntas, un símbolo que se encuentra en toda la naturaleza, especialmente en las flores, es un símbolo de adoración al diablo.

Muchas interpretaciones de Dios siguen ocultando la interferencia extraterrestre, porque la gente es inmadura e incapaz de enfrentarse a la realidad. Incluso se ríen de la posibilidad de la interferencia extraterrestre, como si sus fantasías tuvieran más sentido. Muchas de las alegorías y suposiciones de los libros religiosos son fantasías que reflejan mejor el mundo imaginario humano y, por tanto, su bajo nivel cognitivo. Como ocurre con muchos otros temas, las masas tienden a simplificar en exceso lo que no entienden o aceptan de la religión. Es como tener cientos de colores y llamarlos a todos blanco o negro. Pero las Sagradas Escrituras son muy claras. Por ejemplo, el libro del Génesis dice: «El que bajó del cielo y creó al hombre», no «Dios que bajó del cielo». También dice: «Hagamos al hombre a nuestra imagen» (Génesis 1:26), en plural, no en singular. Estas frases deberían bastar para suponer que existe una pluralidad de dioses y un Ser Supremo, también llamado Dios, Creador del universo y de los planetas.

En su obsesión por la simplificación excesiva, la gente ha metido todo en el mismo saco, hasta el punto de describir a Satanás y a Dios en el mismo libro, con papeles intercambiables. La humanidad hizo lo mismo cuando creó muchos nombres para este dios, confundiéndolo con Enki y luego inventando una figura llamada Jesús para simbolizar la reencarnación de este dios del sol. El nivel de deterioro cognitivo es tan increíble que la gente es incapaz de ver sus propias limitaciones y, en su lugar, insultan y tachan de arrogante y blasfemo a cualquiera que les muestre lo obvio: que la mayoría de los adultos son demasiado estúpidos para entender lo que dicen o sus propios libros, que a menudo interpretan y estudian incorrectamente, igual que un niño con dificultades de aprendizaje. La diferencia es que los niños tienen adultos que les corrigen, mientras que los adultos no aceptan que nadie les corrija.

Dios, el creador de las escrituras hindúes, creó la Tierra y los numerosos planetas del universo. Después, los extraterrestres crearon a los seres humanos para que fueran sus esclavos, como han demostrado la ciencia y la arqueología. Antes de esta interferencia, ya había seres humanos en la Tierra, probablemente mucho más avanzados en términos de conciencia, pero no tan decididos a ser esclavizados y a trabajar para ganarse la vida pagando impuestos sin cuestionarse su propósito, como muchos hacen hoy y como siempre han hecho en el pasado. Muchos dirán que una vida sin sacrificio no es una vida dedicada a Dios o que no trabajar no es algo espiritual, porque están tan condicionados por sus implantes genéticos que no pueden ver nada más allá de un estado de servidumbre absurda.

Capítulo 28: Ascensión y esclavitud

Si los seres humanos estuvieran iluminados, construirían una sociedad de robots y otras máquinas que trabajaran para ellos y dedicarían su tiempo a búsquedas intelectuales y espirituales a través del arte, la música y el estudio, como deberían hacer las civilizaciones avanzadas. Sin embargo, la ciencia a menudo se parece a la ignorancia humana al negar la interferencia externa y la necesidad de cuestionar nuestro pasado para avanzar en una nueva dirección, en lugar de ser observadores pasivos de un mundo diseñado para nosotros y mantenido con fe ciega. La humanidad tiene un largo camino por recorrer, pero está más cerca de su propia esclavitud que de la evolución, sobre todo porque muchos intentan utilizar la ciencia para mantenerla esclavizada.

Hoy en día, la salvación es individual y pasa por el discernimiento y el sacrificio de ideales emocionales, como la necesidad de compañía y el sentimiento de pertenencia a un grupo. Esta humildad es el único camino hacia la ascensión y la liberación de la prisión que representa el planeta Tierra. El primer paso es aceptar que somos inmortales y que la Tierra no es el único planeta habitado, sino uno de los miles de millones de planetas en los que podemos renacer. Como espíritus despiertos, primero debemos trabajar por nuestra liberación en este planeta, adquiriendo el verdadero conocimiento, y luego ascender a otros reinos donde nos liberaremos del sufrimiento y la ignorancia que hacen que la vida en la Tierra sea como es. El camino opuesto está al alcance de los regímenes totalitarios, como hemos visto muchas veces a lo largo de la historia de la humanidad.

Vimos lo que ocurrió con el coronavirus. Fue un arma biológica creada por individuos poderosos y codiciosos, desencadenada contra otras personas para destruir economías y cambiar el panorama político mundial, apuntando a grupos indeseables de la sociedad. Y como la gente está inmersa en el miedo y el dogma religioso, ha cooperado, a menudo con el apoyo de sus propios predicadores, que les han llevado a tomar una vacuna que altera la mente y el ADN, la marca del Dios Bestia, la marca del pecado o la esclavitud.

La gente está tan inmersa y es tan dependiente del sistema que lo consideran normal y no pueden vivir sin él. Tienen miedo de morir, de perder su trabajo, de no tener amigos ni familiares que les apoyen emocionalmente, de ser tachados de locos y condenados al ostracismo. El miedo a discrepar de esta locura les hace tan vulnerables como el ganado. La gente ha llegado a temer no formar parte de una mentira, de una mentalidad de rebaño, porque no conocen otra realidad. Por eso no se aceptará ninguna conspiración si se presenta contra el miedo a la discriminación.

Quienes ostentan el poder han descubierto que el miedo es la mejor herramienta para manipular a las masas, por eso la religión sigue utilizando el miedo para reunir a un gran número de seguidores. Sin embargo, el miedo es el camino hacia la oscuridad, ya que limita nuestras capacidades cognitivas y, por tanto, nuestra capacidad de cuestionarnos y comprendernos a nosotros mismos. Esta condición nos mantiene estancados en este planeta, incapaces de ascender a reinos superiores. También impide que estos individuos ayuden a los que trabajan por la liberación de otras almas, especialmente por la discriminación que imponen a los no creyentes, como si una vaca parda fuera diferente de una vaca blanca o negra, o si las vacas pudieran diferenciarse en función del granjero, como si las vacas no estuvieran todas sujetas al mismo destino.

La verdadera libertad comienza cuando nos liberamos de los grilletes del miedo y la ignorancia, pero hace falta valor para cuestionar las estructuras establecidas y buscar la verdad más allá de las apariencias. La humanidad tiene el potencial de lograr grandes cosas, pero está atrapada en un círculo vicioso de repetir los mismos errores y no aprender de las mismas lecciones. Aceptar nuestra inmortalidad y darnos cuenta de que la Tierra es solo una escala en nuestro viaje cósmico son pasos esenciales hacia la ascensión espiritual.

La sociedad ideal sería aquella en la que cada individuo es libre de explorar todo su potencial, donde la cooperación y el amor prevalecen sobre la competencia y el miedo. Un mundo en el que la tecnología se utilice para elevar la conciencia humana, no para esclavizarla. Para lograr esta sociedad, cada individuo debe asumir la responsabilidad de su propia evolución y buscar la verdad con valentía y determinación. La recompensa es la verdadera libertad y la ascensión a esferas superiores. La elección es nuestra: permanecer como observadores pasivos o tomar las riendas de nuestro destino.

Glosario

Arrianismo: doctrina teológica cristiana que debe su nombre a Arrio, un presbítero del siglo IV que afirmaba que Jesucristo no era divino, sino un ser creado. El arrianismo fue declarado herético por el Concilio de Nicea en el año 325 d. C.

Ascensión: proceso espiritual que consiste en elevarse a un nivel superior de conciencia o existencia. En el contexto de este libro, se refiere a la liberación de las limitaciones del dogma religioso y a la iluminación.

Conciencia: es el estado de ser consciente de lo que nos rodea y de nuestra existencia. El libro aborda el concepto del despertar de la conciencia como medio para superar el adoctrinamiento religioso y alcanzar la liberación espiritual.

Concilio de Nicea: concilio de obispos cristianos convocado en Nicea en el año 325 d.C. para tratar disputas teológicas, en particular sobre la naturaleza de Jesucristo. El resultado del concilio fue el Credo de Nicea, que afirma la doctrina de la Trinidad.

Creencia: es creer en algo sin pruebas ni evidencias. El libro examina el papel de la creencia en el adoctrinamiento religioso y su efecto en la conciencia individual.

Culto a Cristo: término utilizado en el libro para describir el fenómeno religioso y cultural en torno a la figura de Jesucristo, haciendo hincapié en los aspectos manipuladores y controladores del cristianismo organizado.

Dios bíblico: deidad descrita en la Biblia, normalmente denominada Jehová o Yahvé. El libro explora la idea de que el Dios bíblico puede representar a seres extraterrestres, y no a una única entidad divina.

Engaño: acto de engañar o confundir a alguien, normalmente para obtener un beneficio personal o para manipular. El libro examina diversas formas de engaño en las instituciones religiosas y su efecto en la sociedad.

Enseñanzas gnósticas: antiguos movimientos religiosos y filosóficos que hacían hincapié en la adquisición del conocimiento (gnosis) como medio de liberación espiritual. Divergentes de las doctrinas cristianas dominantes, las enseñanzas gnósticas fueron suprimidas por la Iglesia primitiva.

Ignorancia: es la falta de conocimiento o conciencia, generalmente resultado de un esfuerzo deliberado por ocultar información. Este libro analiza el papel de la ignorancia en el mantenimiento del control religioso y en la prevención del crecimiento espiritual.

Iluminación: es el estado de percepción y comprensión espiritual que trasciende la conciencia ordinaria. En el libro se habla de la iluminación como meta para quienes buscan liberarse del dogma religioso.

Interferencia extraterrestre: la idea de que los extraterrestres han influido en la historia humana y en las creencias religiosas. El libro sugiere que muchos acontecimientos y figuras religiosas pueden atribuirse a esta interferencia.

Los Testigos de Jehová: son una confesión cristiana conocida por su predicación puerta a puerta, la distribución de literatura religiosa y el rechazo a las transfusiones de sangre. Este libro examina las tácticas manipuladoras que utilizan para reclutar y controlar a sus miembros.

Luciferianismo: es un sistema de creencias religiosas o filosóficas que rinde culto a Lucifer, generalmente asociado con la iluminación y la rebelión contra las estructuras religiosas opresivas. Este libro analiza las interpretaciones históricas y contemporáneas de esta creencia.

Microchipping: consiste en implantar microchips en las personas con diversos fines, como la identificación o el seguimiento. El libro explora las implicaciones éticas y sociales del microchip y su potencial para el control y la manipulación.

Monoteísmo: es la creencia en una única deidad omnipotente. El libro analiza los orígenes y las implicaciones de las religiones monoteístas, especialmente en el contexto de las religiones abrahámicas.

Noveno Círculo: una supuesta secta internacional de sacrificio de niños mencionada en el libro, en la que supuestamente participan autoridades y figuras religiosas de alto rango. Se dice que el Noveno Círculo está implicado en abusos y asesinatos rituales de niños.

Reencarnación: es la creencia de que el alma o el espíritu pueden renacer en un nuevo cuerpo físico después de la muerte. El libro analiza el concepto de reencarnación en diferentes tradiciones religiosas y filosóficas.

Religiones abrahámicas: Las tres religiones monoteístas principales (judaísmo, cristianismo e islam) tienen su origen en el patriarca Abraham. Estas religiones comparten creencias comunes, como el culto a un Dios único y el reconocimiento de Abraham como figura clave.

Revelación: es el acto de descubrir o revelar algo que estaba oculto o desconocido. El libro explora el concepto de revelación en el contexto de los textos religiosos y el descubrimiento de verdades ocultas.

Satanismo: es un sistema de creencias religiosas o filosóficas que rinde culto a Satanás, normalmente asociado a la rebelión contra las estructuras religiosas tradicionales. Este libro analiza las interpretaciones históricas y contemporáneas del satanismo.

Símbolos religiosos: objetos o imágenes que representan ideas o conceptos abstractos. El libro explora el significado de los símbolos religiosos y su significado oculto.

Trinidad: doctrina cristiana según la cual Dios es un único ser en tres personas: el Padre, el Hijo (Jesucristo) y el Espíritu Santo. El libro explora su desarrollo histórico y los debates teológicos en torno a este concepto.

Vaticano: órgano central de gobierno de la Iglesia Católica Romana, con sede en Ciudad del Vaticano. El libro aborda el papel del Vaticano en el control y la manipulación religiosa, así como su supuesta implicación en diversas conspiraciones.

Velo de la ignorancia: es un término metafórico que se utiliza para describir el estado de no saber o estar desinformado sobre ciertas verdades, normalmente debido a la ocultación o a la manipulación deliberada. El libro analiza el papel del velo de la ignorancia en el mantenimiento del control religioso y la prevención del crecimiento espiritual.

Solicitud de Reseña de Libro

E stimado lector,

Gracias por comprar este libro. Me encantaría tener noticias suyas. Escribir una reseña de un libro nos ayuda a entender a nuestros lectores y también influye en las decisiones de compra de otros lectores. Su opinión es importante. Por favor, escriba una reseña del libro. Agradecemos su amabilidad.

Sobre el autor

Dan Desmarques es un autor de renombre con una notable trayectoria en el mundo literario. Con una impresionante cartera de 28 bestsellers en Amazon, entre ellos ocho números 1, Dan es una figura respetada en el sector. Gracias a su formación como profesor universitario de escritura académica y creativa, así como a su experiencia como consultor empresarial experimentado, Dan aporta una combinación única de conocimientos a su trabajo. Sus profundas ideas y su contenido transformador atraen a un amplio público y abarcan temas tan diversos como el crecimiento personal, el éxito, la espiritualidad y el sentido profundo de la vida. A través de sus escritos, Dan anima a los lectores a liberarse de sus limitaciones, dar rienda suelta a su potencial interior y embarcarse en un viaje de autodescubrimiento y transformación. En un mercado tan competitivo como el de la autoayuda, el excepcional talento de Dan y sus inspiradoras historias lo convierten en un autor sobresaliente, que motiva a los lectores a interesarse por sus libros y emprender un camino de crecimiento personal e iluminación.

También escrito por el autor

1. 66 Days to Change Your Life: 12 Steps to Effortlessly Remove Mental Blocks, Reprogram Your Brain and Become a Money Magnet

2. A New Way of Being: How to Rewire Your Brain and Take Control of Your Life

3. Abnormal: How to Train Yourself to Think Differently and Permanently Overcome Evil Thoughts

4. Alignment: The Process of Transmutation Within the Mechanics of Life

5. Audacity: How to Make Fast and Efficient Decisions in Any Situation

6. Beyond Belief: Discovering Sacred Moments in Everyday Life

7. Beyond Illusions: Discovering Your True Nature

8. Beyond Self-Doubt: Unleashing Boundless Confidence for Extraordinary Living

9. Breaking Free from Samsara: Achieving Spiritual Liberation and Inner Peace

10. Breakthrough: Embracing Your True Potential in a Changing World

11. Christ Cult Codex: The Untold Secrets of the Abrahamic Religions and the Cult of Jesus

12. Codex Illuminatus: Quotes & Sayings of Dan Desmarques

13. Collective Consciousness: How to Transcend Mass Consciousness and Become One With the Universe

14. Creativity: Everything You Always Wanted to Know About How to Use Your Imagination to Create Original Art That People Admire

15. Deception: When Everything You Know about God is Wrong

16. Demigod: What Happens When You Transcend The Human Nature?

17. Discernment: How Do Your Emotions Affect Moral Decision-Making?

18. Design Your Dream Life: A Guide to Living Purposefully

19. Eclipsing Mediocrity: How to Unveil Hidden Realities and Master Life's Challenges

20. Energy Vampires: How to Identify and Protect Yourself

21. Fearless: Powerful Ways to Get Abundance Flowing into Your Life

22. Feel, Think and Grow Rich: 4 Elements to Attract Success in Life

23. Find More with Less: Uncluttering Your Mind, Body, and Soul

24. Find Your Flow: How to Get Wisdom and Knowledge from God

25. Hacking the Universe: The Revolutionary Way to Achieve Your Dreams and Unleash Your True Power

26. Holistic Psychology: 77 Secrets about the Mind That They Don't Want You to Know

27. How to Change the World: The Path of Global Ascension Through Consciousness

28. How to Get Lucky: How to Change Your Mind and Get Anything in Life

29. How to Improve Your Self-Esteem: 34 Essential Life Lessons Everyone Should Learn to Find Genuine Happiness

30. How to Study and Understand Anything: Discovering The Secrets of the Greatest Geniuses in History

31. How to Spot and Stop Manipulators: Protecting Yourself and Reclaiming Your Life

32. Intuition: 5 Keys to Awaken Your Third Eye and Expand Spiritual Perception

33. Karma Mastery: Transforming Life's Lessons into Conscious Creations

34. Legacy: How to Build a Life Worth Remembering

35. Master Your Emotions: The Art of Intentional Living

36. Mastering Alchemy: The Key to Success and Spiritual Growth

37. Metanoia Mechanics: The Secret Science of Profound Mental Shifts

38. Metamorphosis: 16 Catalysts for Unconventional Growth and Transformation

39. Mindshift: Aligning Your Thoughts for a Better Life

40. Mind Over Madness: Strategies for Thriving Amidst Chaos

41. Money Matters: A Holistic Approach to Building Financial Freedom and Well-Being

42. Quantum Leap: Unleashing Your Infinite Potential

43. Religious Leadership: The 8 Rules Behind Successful Congregations

44. Reset: How to Observe Life Through the Hidden Dimensions of Reality and Change Your Destiny

45. Resilience: The Art of Confronting Reality Against the Odds

46. Raise Your Frequency: Aligning with Higher Consciousness

47. Revelation: The War Between Wisdom and Human Perception

48. Spiritual Anarchist: Breaking the Chains of Consensual Delusion

49. Spiritual DNA: Bridging Science and Spirituality to Live Your Best Life

50. Spiritual Warfare: What You Need to Know About Overcoming Adversity

51. Starseed: Secret Teachings about Heaven and the Future of Humanity

52. Stupid People: Identifying, Analyzing and Overcoming Their Toxic Influence

53. Technocracy: The New World Order of the Illuminati

and The Battle Between Good and Evil

54. The 10 Laws of Transmutation: The Multidimensional Power of Your Subconscious Mind

55. The 14 Karmic Laws of Love: How to Develop a Healthy and Conscious Relationship With Your Soulmate

56. The 33 Laws of Persistence: How to Overcome Obstacles and Upgrade Your Mindset for Success

57. The 36 Laws of Happiness: How to Solve Urgent Problems and Create a Better Future

58. The Alchemy of Truth: Embracing Change and Transcending Time

59. The Altruistic Edge: Succeeding by Putting Others First

60. The Antagonists: What Makes a Successful Person Different?

61. The Antichrist: The Grand Plan of Total Global Enslavement

62. The Art of Letting Go: Embracing Uncertainty and Living a Fulfilling Life

63. The Awakening: How to Turn Darkness Into Light and Ascend to Higher Dimensions of Existence

64. The Egyptian Mysteries: Essential Hermetic Teachings for a Complete Spiritual Reformation

65. The Dark Side of Progress: Navigating the Pitfalls of Technology and Society

66. The Evil Within: The Spiritual Battle in Your Mind Deception: When Everything You Know about God is Wrong

67. The Game of Life and How to Play It: How to Get Anything You Want in Life

68. The Hidden Language of God: How to Find a Balance Between Freedom and Responsibility

69. The Mosaic of Destiny: Deciphering the Patterns of Your Life

70. The Most Powerful Quotes: 400 Motivational Quotes and Sayings

71. The Multidimensional Nature of Reality: Transcending the Limits of the Human Mind

72. The Secret Beliefs of The Illuminati: The Complete Truth About Manifesting Money Using The Law of Attraction That is Being Hidden From You

73. The Secret Empire: The Hidden Truth Behind the Power Elite and the Knights of the New World Order

74. The Secret Science of the Soul: How to Transcend Common Sense and Get What You Really Want From Life

75. The Spiritual Laws of Money: The 31 Best-kept Secrets to Life-long Abundance

76. The Spiritual Mechanics of Love: Secrets They Don't Want You to Know about Understanding and Processing Emotions

77. The Universal Code: Understanding the Divine Blueprint

78. The Unknown: Exploring Infinite Possibilities in a Conformist World

79. The Narcissist's Secret: Why They Hate You (and What to Do About It)

80. Thrive: Spark Creativity, Overcome Obstacles and Unleash Your Potential

81. Transcend: Embracing Change and Overcoming Life's Challenges

82. Uncharted Paths: Pursuing True Fulfillment Beyond Society's Expectations

83. Uncompromised: The Surprising Power of Integrity in a Corrupt World

84. Unacknowledged: How Negative Emotions Affect Your Mental Health?

85. Unapologetic: Taking Control of Your Mind for a

Happier and Healthier Life

86. Unbreakable: Turning Hardship into Opportunity

87. Uncommon: Transcending the Lies of the Mental Health Industry

88. Unlocked: How to Get Answers from Your Subconscious Mind and Control Your Life

89. Why do good people suffer? Uncovering the Hidden Dynamics of Human Nature

90. Your Full Potential: How to Overcome Fear and Solve Any Problem

91. Your Soul Purpose: Reincarnation and the Spectrum of Consciousness in Human Evolution

Acerca del editor

Este libro fue publicado por 22 Lions Publishing.

www.22Lions.com